Palavra de Deus

Comentários Bíblicos do Século 21

pelo Rabino Moshe Pitchon

www.21stcenturyjudaism.com

Este livro é dedicado a Sergio e Celia Pitchon, que no Sul do Brasil construíram uma família amorosa, comprometida com os valores do Judaísmo e que, a cada dia, contribui para a grandeza de seu belo país. Meus primos, que conheci há apenas alguns anos.

Miami, setembro 2025 em vésperas de Rosh Há-Shaná 5786

Índice

Introdução

O povo que, a partir do século XII a.c.e., viveu por mais de mil anos na terra de Israel, nos reinos de Israel e Judá, deu ao mundo as "Escrituras Hebraicas."

Inicialmente, o povo desses dois reinos registrou suas experiências e transmitiu os valores que aprenderam com elas oralmente. Com o tempo, conforme a escrita se tornou mais difundida, o patrimônio oral foi sistematizado em 24 volumes, que formam a base literária do Povo Judeu.

Para os judeus, em particular, essa coleção de livros, sua literatura fundacional, encapsula o que é autenticamente e exclusivamente judaico.

Todo pensamento judaico autêntico começa na literatura fundacional. É nela que estão enraizados os valores, os ideais e as esperanças do povo judeu.

Sob uma perspectiva formal, as "Escrituras Hebraicas" configuram uma antologia literária composta por 24 livros. Redigidos e revisados por diversos autores ao longo de vários séculos, esses volumes estão organizados em três categorias: *Torá* (Pentateuco), *Neviim* (Profetas) e *Ketuvim* (Escritos).

A primeira letra hebraica de cada uma das três seções forma o acrônimo TaNaKh.

A forma como se denomina essa coleção de livros não é neutra

Quando todo o conjunto é chamado de *"Torá"*, *Kitvei ha-Kodesh*, Antigo Testamento ou simplesmente Bíblia, a escolha do nome já denuncia uma posição ideológica.

Cada rótulo, nesse caso, destaca apenas uma parte do que o *TaNaKh* representa. Ao fazer isso, reduz o *TaNaKh* e restringe sua verdadeira dimensão como patrimônio de valores e visões destinado a toda a humanidade.

É fácil imaginar que essa coleção de 24 livros seja apenas uma obra de exposição doutrinária. Mas isso seria reduzir demais o que ela realmente é.

O *TaNaKh* é, sim, um texto religioso — mas é também literatura no mais alto nível. Na verdade, trata-se de uma obra-prima literária, uma das coleções clássicas mais influentes de toda a história. Reconhecer isso não diminui em nada a perspectiva rabínica; ao contrário, amplia o entendimento de sua grandeza.

O *TaNaKh* é, sem dúvida, um dos pilares na formação da própria ideia de humanidade.

Muito do que ele contém — especialmente sua parte não legal e a força moral dos profetas — ultrapassou os limites do judaísmo. Tornou-se herança comum de grande parte da humanidade, deixando de ser algo exclusivamente judaico.

Esses livros foram escritos para ajudar indivíduos e povos a buscar o verdadeiro e o bom, na medida em que suas próprias capacidades humanas lhes permitissem.

O judaísmo não se dedica a inventar, mas a descobrir perspectivas, não necessariamente o que os outros viam.

É por isso que na linguagem religiosa a palavra usada para descrever este fenômeno é "revelação". Algo que está lá é revelado. O que é revelado é que é o ser humano e como funciona a vida.

A partir daí, com base no conhecimento adquirido, o passo seguinte foi conceber comportamentos como agir na vida em tanto que ser humano.

O ser humano, ou, se preferir, a natureza humana, no entanto, não é estática, imutável. A través do conhecimento adquirido como resultado de sua interação com o resto do mundo a humanidade muda. Que religião chama "revelações" são constantes.

A "revelação" é sempre parcial; lança luz sobre o momento, talvez até um pouco sobre o futuro. A revelação, no entanto, nunca é completa. Há sempre algo que ainda está para ser descoberto, ser revelado.

O *Talmude* narra uma história imaginária de Moisés, que estava sentado em uma sessão de estudo com o rabino Akiva, (um dos professores mais importantes do judaísmo que viveu mais de mil anos depois de Moisés). Moisés não entendia uma palavra do que o rabino Akiva estava dizendo. Seu único consolo veio quando um aluno perguntou o rabino Akiva: "Mestre, qual é a origem dessa decisão" Ele disse: "É uma lei dada a Moisés no Sinai."

O entendimento é que o conhecimento humano é cumulativo. Cada geração é no ombro daquela que o precedeu. Embora dependente da anterior para se sentar em seus ombros, ganhou agora uma nova perspectiva. Ela vê algo que as gerações anteriores forçosamente, não podiam ver.

Uma geração que não produz uma nova descoberta que não "cria" algo novo, empobrece o mundo. Certamente ele não atende o principal compromisso do judaísmo: "continuação da obra da criação."

Não é só trazendo mais filhos ao mundo que o mundo é criado, mas ajudando-os a compreender como pensar.

Os judeus estão constantemente descobrindo como fazer as coisas que não foram feitas antes, e melhorando aquelas que já foram feitas. Desde o início eles são ensinados a ser curioso e assumir riscos.

Sem dúvida não é fácil tomar esta atitude na vida. Há muitos erros, talvez mais do que realizações. No entanto, esta é a forma como um judeu é ensinado a pensar, porque, quando as realizações ocorrem geralmente são incomparável em sua magnitude e importância.

Esta disposição na vida requer um caractere especial. Alguns chamam isso ser de "dura cerviz" outros "arrogância". Embora, na realidade, seja a convicção de que este povo não foi escolhido para ser permitido o luxo de ficar fora das coisas.

Há uma maneira judaica de pensar. Há uma forma de ser judeu. É exigente, é difícil, mas também gratificante, pois permite que esses picos onde o judeu olha para trás e um pouco para a frente permite ele dizer que houve uma razão que ele vim a este mundo ... e ele realizo.

Perceber a razão da nossa existência temporária no mundo é a fonte do sentimento de realização individual.

Na tradição judaica, o estudo da *Torá* foi organizado em 54 seções semanais, chamadas *Parashiyot* (*parashá*, no singular).

Cada *parashá* reúne um trecho específico do texto bíblico, com começo e fim definidos, e é lida em sequência ao longo do ano nas sinagogas, de forma que, ao final do ciclo, toda a Torá é lida.

O costume, que remonta ao período do Segundo Templo, acabou criando um ritmo litúrgico e comunitário. A vida judaica passou a girar em torno dessas leituras semanais, que agora são ponto de partida para comentários, debates e interpretações rabínicas.

Cada geração lê nessas seções semanais não apenas leis e narrativas antigas, mas também questões éticas, políticas e existenciais que continuam a ressoar.

Escrevendo no início do século XXI, este livro pretende trazer o bem mais valioso que o povo judeu possui para uma "linguagem" que dialogue com a forma como as gerações atuais tentam compreender o mundo em que vivem.

O propósito das reflexões reunidas neste livro, *A Palavra de Deus* — que seguem, de alguma forma, a porção semanal lida na sinagoga — é abrir um diálogo sobre a literatura fundacional do povo de Israel, sem a qual o Judaísmo simplesmente não existiria.

**"Nas noites de sexta-feira, conduzo uma cerimônia de Kabalat Shabat e uma sessão de estudos com um grupo de pessoas adoráveis em uma instituição de assistência para idosos no sul da Flórida. Embora eu me sinta profundamente tocado pela participação regular e pela dedicação de cada um dos participantes, sinto-me particularmente inspirado pela única brasileira do grupo que, na verdade, e sem saber, me impulsionou a publicar este livro com meus comentários de longa data sobre o TaNaKh.

Um dia, após os serviços, ela se aproximou de mim e disse: 'Rabino, me dê algo para ler.'

Este livro é, portanto, também dedicado a Neleide Ingrid Fishman. Sem o seu impulso, este livro provavelmente nunca teria sido escrito."**

Estes são os comentários da *Torá* do rabino Moshe Pitchon.

BERESHIT

Bereshit (*Gênesis*) é uma joia literária que integra antigas tradições, funcionando como um prólogo a tudo o que se desenrola no TaNaKh (a literatura fundamental do Judaísmo).

Seu foco principal é na construção da ordem permanente do universo e nas conexões entre seus habitantes.

O primeiro livro da Torá elucida as qualidades primordiais, elementares, fundamentais e principais da humanidade. Também incentiva a reflexão sobre o que é essencial no cosmos e a forma como os seres humanos se inserem no contexto global.

Bereshit, apesar de seu número limitado de mandamentos, funciona como um prelúdio para as leis que são encontradas principalmente nos segundo e terceiro livros da Torá *(Shemot* = Êxodo e *Vayikrá* = Levítico) ao explicar por que as leis são necessárias e para quais tipos de enfermidades e desafios humanos elas visam responder.

No geral, *Bereshit* obriga leitores de todas as idades a reflexão sobre questões eternas de moralidade.

Eventualmente, a prática babilônica de ler os cinco livros da Torá em sua totalidade em um único ano tornou-se universal. O estudo do livro de *Bereshit* foi concluído em doze semanas sob este sistema. Uma prática que sigo nos comentários seguintes.

Bereshit 1:1-6-8

A Ameaça Suspensa do Caos

O Livro de *Bereshit* (Gênesis"), o primeiro livro da
literatura fundamental de Israel, começa com uma
descrição geral do que estava lá antes que a primeira
palavra fosse dita: "*A terra estava sem forma e vazia*".

Consequentemente, o *Beresh*it não diz que o mundo foi
criado do nada, mas que um processo progressivo de
separação, divisão e diferenciação tornou possível um lugar
ordenado e viável para a vida criar raízes.

De fato, a história da criação no capítulo 1 de *Bereshi*t é
entendida pela maioria dos estudiosos modernos como
refletindo a ideia de criação a partir do caos.

O termo "caos" é frequentemente usado em contextos que
sugerem uma quebra de ordem e reversão na execução de
papéis. No mundo bíblico, o caos está presente
residualmente e permanece ativo como uma ameaça à
criação.

As Escrituras Hebraicas postulam claramente que, tendo
criado originalmente um universo ordenado a partir do caos
primordial, não é suficiente. A menos que a ordem seja
mantida no mundo, forças caóticas dominarão o cosmos.

"Caos", com certeza, não é uma entidade independente,
uma "força", e sim o resultado de uma má administração de
forças.

Confrontando o caos está o cosmos: o universo, as soluções intelectuais sendo constantemente elaboradas pelos seres humanos para manter o caos à distância.

O comentarista bíblico do século XIII R. David Kimhi (Radak) lê o verso em *Bereshit "Deus cessou de toda a obra da criação que Ele havia feito"* como "Deus cessou a obra da criação para os seres humanos continuarem: Deus criou o mundo e seres humanos; a partir desse momento, cabe ao ser humano transformar o caos em cosmos, desordem, em ordem.

Domesticar a Criatividade

A história da criação nos primeiros capítulos do Livro do Bereshit seria mal compreendida se fosse lida simplesmente como um relatório sobre um momento no passado remoto em que o mundo foi criado.

Se criar significa trazer à existência algo que não existia antes, a "criação" no primeiro capítulo do Livro do Bereshit não se refere ao fim de um processo, mas ao processo criativo interminável.

Conforme aprendemos todos os dias, o universo não é uma estrutura permanente, mas um fluxo constante de criação do que não era. O mundo é constantemente criado. Nas palavras da primeira das bênçãos dos cultos da manhã, a oração *"Yotzer"*: '*no bem, renova todos os dias a obra da criação*' (uma ideia tirada do *Talmude*, baseada no profeta Isaías)

O que a "História da criação" no livro de *Bereshit* está dizendo é que a criatividade faz parte do que faz o universo ser o que é. A criatividade é uma das características do universo.

Os dois primeiros capítulos do *Bereshit,* não são tanto uma resposta para a pergunta: "Como surgiu o mundo?", mas "O que é o mundo?"

A resposta de *Bereshit* é: o mundo é "criatividade".

Correndo o risco de ser prosaico, é importante ressaltar que nenhum mundo é viável sem um fluxo constante de novidades. A vida não é viável sem criatividade contínua e inovação.

É claro que a criatividade deve ser direcionada para trazer bens e não males para o mundo. Portanto, o primeiro capítulo do TaNaKh- as Escrituras Hebraicas - correlaciona "criatividade" com "bom". Nem tudo o que é criado, ou o que é trazido, é bom. A falácia, no entanto, é pensar que, como algumas criações são ruins, o novo é ruim.

Os dois primeiros capítulos de *Bereshit* afirmam que, para haver um mundo, deve haver criatividade. As 305.500 palavras restantes do texto hebraico dos 24 livros do TaNaKh, a literatura fundamental de Israel, são dedicadas principalmente a como domesticar a criatividade para que ela seja "boa".

O sentido da vida

O livro de *Bereshit* tem como objetivo responder a várias perguntas relacionadas ao entendimento que a literatura fundadora do povo judeu tem sobre a vida humana e como deve ser conduzida. Poder-se-á dizer que as primeiras palavras de *Bereshit* existem para responder à pergunta: o que significa ser um ser humano?

Isso ocorre porque as palavras iniciais do livro que inaugura a Torá abordam questões sobre Deus, a criação do mundo e a vida humana.

Embora esteja claro que a Torá ensina que Deus é o criador do universo e dos seres humanos, *Bereshit* não faz referência ao que é a natureza de Deus. Ele não especula sobre as atividades de Deus antes da criação do mundo, ou, em geral, sobre qualquer coisa que não afeta os seres humanos.

A preocupação de TaNaKh com Deus está apenas no relacionamento que Deus tem com os seres humanos.

Portanto, quem deseja entender o conceito bíblico de Deus só pode fazê-lo explorando o que significa quando a humanidade é descrita como *"Sua imagem e semelhança."*

> *E Deus disse para fazer o ser humano à nossa imagem, à nossa semelhança*

Quase ao mesmo tempo, ao formular essas palavras, a Torá esclarece o que significa ser a "imagem e semelhança de Deus".

> *... enche a terra e a domina; e governa os peixes do mar, os pássaros do céu e todas as criaturas que se movem no chão.*

E, à medida que a história avança, acrescenta demandas ainda mais mundanas que não deixam dúvidas sobre qual é o propósito da humanidade.

O Senhor Deus pegou o ser humano e o colocou no Jardim do Éden para trabalhar e cuidar dele."

O que o TaNaKh está dizendo é que não é suficiente apenas a existência e a vivência dos seres humanos, mas que é necessário que esses indivíduos tenham um propósito em suas vidas. Isso implica assumir a responsabilidade pela preservação, pela continuidade e pelo aprimoramento do processo de criação.

Se não é fácil aceitar a ideia de que um propósito, um plano e uma tarefa governam nossa existência, é, mais plausível e aceitável, acreditar que a única razão de nossas vidas é trabalhar, procriar, construir casas, e lutar contra a natureza para conquistar mais um ano, mais um mês, mais um dia para a nossa vida?

Um dos maiores temores humanos, como mostra o comportamento humano, é a ideia de viver uma vida vaidosa e desaparecer como uma sombra. Toda a vida de um ser humano, não importa como ele a expresse, é uma luta para evitar o desespero, para entender quem somos, como funciona nossa mente, o que podemos e não podemos mudar. E, talvez mais importante, como podemos fazer para que nossa vida tenha valor para nós e para os outros.

Independentemente de se pensar, ou não, que o Criador do universo escreveu um livro, o TaNaKh, ainda é a maior criação de Israel, a base que enquadra todos os entendimentos judaicos de como a vida funciona e como cada ser humano deve considerar sua existência.

Por esse motivo, o analfabetismo bíblico é indesculpável. Se o objetivo do TaNaKh não fosse outro senão provocar perguntas que nos levam a refletir sobre o motivo de nossa existência não haveria nada de errado com isso.

Caim e Abel

Nos capítulos 2 e 3 de *Bereshit* a questão da definição de humanos, assim como suas limitações, ainda não foi completamente abordada. Adão e Eva não constituem os únicos exemplos dos primeiros "humanos."

Em apenas vinte e seis versículos bíblicos, o relato sobre Caim e Abel—os primeiros humanos nascidos de uma mulher—*Bereshit* apresenta diversas dimensões psicológicas e sociais que caracterizam a humanidade.

Com o passar do tempo, aconteceu que Caim trouxe do fruto da terra uma oferta ao Senhor.

E Abel, por sua vez, trouxe os primogênitos mais escolhidos de seu rebanho. O Senhor atendeu a Abel e sua oferta, mas não atendeu a Caim e sua oferta...

e Caim estava muito enfurecido.

E o Senhor disse a Caim:

Por que você está furioso?

"O pecado está à sua porta; ele deseja dominá-lo, mas você deve dominá-lo."

...Caim disse a Abel, seu irmão, "Vamos ao campo."

E quando estavam no campo, Caim atacou Abel, seu irmão, e o matou.

Então o Senhor disse a Caim: "Onde está seu irmão Abel?" "Não sei," ele respondeu.

"Sou eu o guardião do meu irmão?"

O Senhor disse: "O que você fez?" Ouça! "O sangue do seu irmão clama a Mim desde a terra." (Bereshit 4:3–10)

A história de Caim matando seu irmão Abel é, sem dúvida, uma das passagens mais difíceis de entender do TaNaKh.

Qualquer outra coisa que se possa dizer sobre a causa da ação de Caim, a história certamente aponta para a conexão entre religião e violência; é o primeiro exemplo de eleição e rejeição divina.

Caim, também, ainda não poderia saber que se alguém atinge uma pessoa com força suficiente, a mata. Na verdade, ele ainda não sabe o que são a morte e o matar.

Caim não nega a responsabilidade pessoal. Ele não diz: "Não fui eu" ou "Não foi minha culpa."

Na verdade, Caim pergunta por que deveria se preocupar com o bem-estar de alguém além de si mesmo. Por que não deveríamos fazer o que queremos se temos o poder para isso? A força faz o direito. Se a vida é uma luta darwiniana pela sobrevivência, por que deveríamos nos restringir em prol dos outros se somos mais poderosos do que eles? Se não há moralidade na natureza, então sou responsável apenas por mim mesmo.

Porém, *Bereshit* dá a entender que há uma espécie de justiça inerente ao próprio tecido da realidade.

O versículo 10 é o texto de prova de que a justiça natural está incorporada no mundo.

Depois que Caim pergunta a Deus se ele é o guardião de seu irmão, Deus se volta para ele e diz:

"O que fizeste?" A voz do sangue do teu irmão clama a mim desde a terra."

Ao dizer: *"O pecado está à porta; ele deseja dominá-lo, mas você deve dominá-lo."* (*Bereshit* 4:7), Deus advertiu Caim sobre o perigo da raiva descontrolada.

No entanto, Deus não anulou a liberdade de Caim, indicando que sem a verdadeira liberdade de escolha, não há verdadeiro amor, não há verdadeira responsabilidade e não há verdadeiro crescimento.

A agência moral é essencial para o ser humano e, de fato, o que Caim nega é a responsabilidade moral.

Deus, na verdade, aconselha, adverte e se entristece—mas não coage. Ele apresenta a escolha entre dominar o pecado e ser dominado por ele.

Mas, se o tema do capítulo 4 de *Bereshit* é a responsabilidade moral humana, também é sobre a justiça de Deus. Como escreveu o historiador Raphael Patai:

"... o mito do fratricida Caim e Abel expressa pela primeira vez na Bíblia a ideia de que Deus não é capaz de prevenir o sofrimento dos inocentes causado por seus semelhantes." A punição do ofensor vem, como sempre, tarde demais: Abel não é trazido de volta à vida, nem, em casos posteriores, o sofrimento do inocente é reparado pela punição ou retribuição imposta ao transgressor."

Noach - *Bereshit* 6:9-11:32

De acordo com os onze primeiros capítulos de *Bereshit*, a história inicial da humanidade estava cheia de traumas: exílio (Jardim do Éden), assassinato (Caim e Abel), desastre natural (Dilúvio) e catástrofe tecnológica (A Torre de Babel). Desde os primórdios, a humanidade compreendeu que sua própria existência no mundo não é assegurada: a criação tem a possibilidade de ser anulada.

É verdade que os primeiros capítulos do Livro de *Bereshit* tratam de tópicos sobre os quais havia numerosas sagas no antigo Oriente. Os compiladores do primeiro livro do TaNaKh fizeram o possível para elaborar um relato coerente das origens humanas dos mitos e lendas disponíveis. Eles procuraram abordar questões como o que é primordial, elemental, principal e essencial nos seres humanos. É um convite à reflexão sobre como os seres humanos se posicionam em relação ao todo e o que deve agir bem e o que é ruim.

Bereshit explica as origens da condição humana através da concepção da rebeldia humana. Neste livro, bem como em toda a literatura fundamental de Israel, a história da humanidade e de Israel em particular é motivada pelo confronto com Deus. No entanto, ao contrário das sagas não-judias, o trágico herói no TaNaKh não é destruído pelos deuses, mas sim por seus iguais ou pela interação entre eles.

Começando com Noé em *Bereshit*, Capítulo 6, o TaNaKh torna-se, um esboço ou programa para o comportamento humano cujo objetivo é alcançar uma perfeição que, de certa forma, Deus não pode alcançar sem a ajuda humana. Portanto, qualquer que seja a visão de Deus nesta tradição, ela deve fazer sentido de um Deus que deseja algo que a divindade sozinha não pode realizar.

Os personagens do TaNaKh - até seus heróis - são todos seres humanos defeituosos. Até o Deus do *Bereshit* pode ser visto como um Deus imperfeito. Ele "se arrepende" da criação do homem, promete não inundar o mundo novamente e até permite que Abraão lhe ensine sobre injustiça.

A Torá ensina sobre justiça em grande parte através de exemplos de injustiça e imperfeição. *Bereshit* desafia o leitor a reagir, a pensar por si mesmo e até a discordar. É por isso que é uma ferramenta de ensino interativa, levantando questões profundas e convidando o diálogo com as eras e com o divino.

Há verdades e há mentiras.

> *Diz o tolo em seu coração:*
> *"Deus não existe."*
> *Corromperam-se e cometeram atos detestáveis; não há ninguém que faça o bem.*
> *O Senhor olha dos céus para os filhos dos homens, para ver se há alguém que tenha entendimento,*
> *Alguém que busque a Deus.*
> *Todos se desviaram,*
> *Igualmente se corromperam;*

Não há ninguém que faça o bem,
Não há nem um sequer. (Salmo 14:1-3)

Acredita-se que o *Salmo* 14, capítulo 6, versículos 11 a 13, dá continuidade ao relato presente em *Bereshit*,

A terra, porém, estava corrompida diante de Deus, e cheia de violência.
Viu Deus a terra, e eis que estava corrompida; porque toda a carne havia corrompido o seu caminho sobre a terra.
Então disse Deus a Noah: O fim de toda carne é chegado perante mim; porque a terra está cheia da violência dos homens; eis que os destruirei juntamente com a terra.

E então, veio o dilúvio ...

Não estamos falando aqui de transgressões de culto - não havia culto, nem religião na época.

Como Martin Sicker, escritor e palestrante sobre o Oriente Médio e a história e religião judaica, entende isso:

"Do ponto de vista bíblico, uma sociedade que não melhora a humanidade é disfuncional e, portanto, não serve a nenhum propósito útil e não pode justificar a continuação de sua existência. Portanto, o autor bíblico deixa claro que não é o desprezo pela sociedade do Criador que causa sua ruína. O que é inaceitável é seu desprezo pelo ser humano. O que causou a ira divina foi o fato de a terra estar cheia de violência."

O fenômeno surpreendente é que, quanto mais a violência se espalha pelo mundo, cresce o número de justificativas entusiásticas para os perpetradores. E, ainda mais preocupante, aqueles em posições de poder que lhes permitiriam tomar ações imediatas e efetivas para mudar o rumo que o mundo está seguindo, não sentem pressão para agir daqueles que têm consciência e os exortam a falar.

Uma das vozes da consciência é, obviamente, o TaNaKh. Como o filósofo judeu Martin Buber disse anos atrás:

> *"O que isso tem a nos dizer, e o que nenhuma outra voz no mundo pode nos ensinar com tanta simplicidade, é que há verdade e mentira, e que a vida humana não pode persistir ou ter significado a menos que decidamos a favor da verdade e contra a mentira; que existe certo e errado, e que a salvação do homem depende da escolha do que é certo e da rejeição do que é errado; [...] A "humanitas" que hoje fala deste livro, como sempre fez, é a unidade sob uma direção divina que divide o certo do errado e a verdade das mentiras tão incondicionalmente quanto as palavras do Criador separam a luz da escuridão."*

Lech - Lecha-*Bereshit* 12:1-17:27

"Aqueles cujas identidades raramente são questionadas e que nunca conheceram o exílio ou a subjugação da terra e da cultura", escreveu Anthony D. Smith, professor emérito de nacionalismo e etnia da London School of Economics, "têm pouca necessidade de traçar suas 'raízes' para estabelecer uma identidade única e reconhecível ".

Isso ajuda a explicar a preocupação judaica com as raízes. As narrativas dos capítulos 12 a 50 de Bereshit respondem à necessidade humana de compreender nossas origens, nossa história e nossa crença no destino, na singularidade cultural e na solidariedade que nos une como povo.

Esses capítulos também testemunham uma verdade fundamental: o judaísmo não começa com a religião, mas com as pessoas.

Embora a literatura fundamental do povo judeu — o TaNaKh — situe a origem da relação de Israel com Deus nos tempos patriarcais, há uma clara contradição entre os costumes daquele período e a legislação da Torá.

As histórias do *Beresh*it se passam antes do advento das regras formais da lei. Seus heróis e heroínas enfrentam escolhas trágicas, pesando males menores contra males maiores, sem o amparo de um código legislativo.

Ao revelar que as raízes culturais do judaísmo são mais antigas que sua religião, o *Beresh*it nos convida a enxergar um judaísmo que não se limita a tabelas de preceitos e sanções.

Abraão, figura central, caminha além das urgências do presente, com os olhos voltados para um horizonte que ainda não nasceu. Ele vive como quem carrega um destino, como quem sabe que sua vida é ponte entre o humano e o eterno.

Esse anseio pela transcendência está a léguas de distância do judaísmo petrificado nos códigos medievais — é um chamado vivo, que pulsa antes das leis e que sopra ainda hoje no coração de quem o escuta.

A vida e os atos de Abraão não são religiosos, mas culturais, históricos. Ele nasceu em Ur, morou em Harran, trabalhou e se casou. Esses e outros eventos no texto não marcam a vida de um homem para quem a adoração é o fim da vida. Ele não reza; ele não observa rituais. O TaNaKh simplesmente o descreve como um homem moral. Ele busca a paz, é generoso, hospitaleiro e intercede em nome até dos mais maus dos povos.

O que aprendemos com os patriarcas, começando com Abraão, é que o judaísmo não surgiu de repente como o complexo de crenças e práticas religiosas que temos hoje.

Há razões históricas pelas quais o judaísmo assumiu a forma que tem hoje, mas isso não tem nada a ver com o que o judaísmo deve ser, algo que as histórias de Abraão pretendem mostrar. O livro de Bereshit defende o que são os fundamentos do povo de Israel e não um complexo fixo de rituais e leis reguladoras da vida.

Aquele que é descrito com tanta simpatia no TaNaKh, dentro das fraquezas humanas, é celebrado como a personificação da bênção sobre 'todas as nações da terra', que seus descendentes apenas precisavam imitar.

"Eu farei de você uma grande nação,
  e eu te abençoarei;
Vou fazer seu nome famoso,
  E você será uma bênção.
Abençoarei aqueles que te abençoarem.
  E amaldiçoarei aqueles que te amaldiçoam;
Através de você, eles serão abençoados.
  todas as famílias da terra! "*(Bereshit, capítulo 12, versículos 1-3)*

Religiões abraâmicas?

A história de Abraão, o primeiro progenitor de Israel, se encontra no livro bíblico de *Bereshit*, ocupando cerca de catorze capítulos, o que equivale a cerca de vinte páginas.

"Mais do que qualquer outra figura patriarcal", escreve a autora Amy Dockser Marcus: "Abraham continua sendo uma presença vivente, uma parte familiar da vida cotidiana - e da política cotidiana - do Oriente Médio".

Estima-se que 54% da população mundial, cerca de 3,8 bilhões de pessoas, o reverenciem como o ancestral comum de todas as religiões de origem semítica, principalmente judaísmo, cristianismo e islamismo, mas também religiões com adeptos menores, incluindo rastafarianismo, samaritanismo, druzismo, maandaísmo, babilismo e a fé bahá'í.

Seria razoável pensar, então, que, compartilhando suas origens, a figura de Abraão serviria como fator de união religiosa. No entanto, não é assim.

Cada uma das "religiões abraâmicas" - como são chamadas as religiões que contam Abraão como seu ancestral - afirma que os três primeiros versículos do capítulo 12 do Livro de *Bereshit* se referem a eles exclusivamente:

> *"Eu farei de você uma grande nação,*
> *e eu te abençoarei;*
> *Farei seu nome famoso,*
> *E você será uma bênção.*
> *Abençoarei aqueles que te abençoarem.*
> *e amaldiçoarei aqueles que te amaldiçoam;*
> *Através de você, eles serão abençoados.*
> *todas as famílias da terra! »*

As ideias de Escolhida ou eleição no Judaísmo e no Cristianismo, e da oposição destemida de Abraão à idolatria no Judaísmo e no Islamismo, são apenas algumas das conclusões que as diferentes religiões destilam da leitura desses versículos.

Embora os estudiosos geralmente concordem que um indivíduo histórico, Abraão, deva ter existido, ainda é extraordinariamente difícil determinar conclusivamente a historicidade de uma figura religiosa tão antiga.

De fato, o Abraão das religiões abraâmicas é mais o resultado de séculos de tradições acumuladas do que a figura encontrada nas Escrituras Hebraicas.

Cada uma das religiões abraâmicas parece esquecer que Abraão viveu antes de haver uma Torá, um Evangelho e um Corão. Como diz a estudiosa religiosa Karen Armstrong: "antes que as religiões de Deus se dividissem em seitas em guerra umas contra as outras."

34

De fato, o Abraão das Escrituras Hebraicas mostra virtudes bastante diferentes daquelas reivindicadas pelas religiões abraâmicas.

Ao contrário das tradições posteriores, a visão bíblica não dá suporte à teoria de que Abraão originou a ideia do Deus único ou fundou uma congregação de monoteístas. A vida e os atos de Abraão não são religiosos, mas culturais, históricos. Ele não reza; ele não observa rituais. Como o professor Levenson diz: "Não é simplesmente que em *Bereshit*, Abraão não ensina o que se diz que Moisés ensinou; é que ele não ensina nada. "

O falecido filósofo israelense e estudioso bíblico Yehezkel Kaufmann apontou que, embora o TaNaKh não retrate Abraão como um lutador de Deus, ele o descreve como um homem moral e temente a Deus. Ele busca a paz, é generoso, hospitaleiro e intercede em nome dos sodomitas. Ele ordena que seus descendentes observem 'o caminho do Senhor' agindo corretamente e com justiça. Assim, Abraão pode ser considerado em sua tribo como um "príncipe de Deus", que aspirava a uma fé moral e nobre, que ele legou a seus descendentes.

Sua importância para a história da religião, no entanto, é que ele é um herói contracultural, que esmagou os ícones convencionais de sua época para ver uma nova civilização revolucionária.

É o que uma autêntica tradição de Abraão tem que fazer hoje para atravessar o atoleiro criado pelo pensamento circular de supostos líderes religiosos que alimentam o ciclo de violência que parece estar apertando a corda ao redor do pescoço do mundo um pouco mais todos os dias.

Uma autêntica tradição abraâmica, judaica, cristã, islâmica, seria aquela que seguiria a razão dada na Torá para a preeminência de Abraão:

Pois eu o destaquei, para que ele instrua seus filhos e sua posteridade a seguir o caminho do Senhor, fazendo o que é justo e correto.

Somos judeus, um povo?

Na tradição judaica, Abraão é conhecido como 'Avraham Avinu', o pai do povo judeu.

Ultimamente, no entanto, tornou-se uma espécie de moda questionar se os judeus são realmente um povo.

Usando uma definição reducionista que equipara "povo" a "etnia", "nação" e "raça", alguns acadêmicos, questionaram se os judeus são, de fato, descendentes de Abraão.

Enquanto cientistas sociais recorrem a critérios linguísticos, geográficos ou biológicos para identificar a constituição de um povo, nós, judeus, desde os tempos de Abraão, temos consciência de que a verdadeira essência de nossa identidade reside em nosso senso de missão. É essa missão que orienta a construção de nossa história comum e sustenta uma solidariedade singular, capaz de transcender séculos, territórios e adversidades, preservando de forma perene e indissolúvel os vínculos que nos unem.

Como a pedra angular é ter uma missão, não é tanto o caminho que define o povo de Israel, mas o seu futuro.

Martin Buber, um dos fundadores da Universidade Hebraica, escreveu que o espírito de Israel é o ...

cumprimento da verdade simples, que o ser humano foi criado para um propósito. Existe um propósito para a criação e um propósito para a raça humana, que não criamos a nós mesmos ou concordamos entre nós; não decidimos que, daqui em diante, isso, aquilo ou outro servirá ao propósito de nossa existência. Não, o propósito em si revelou sua face para nós e nós o contemplamos. "

E, em boa medida, acrescentou em outra ocasião, que o importante "não é se sentimos ou não que somos escolhidos ...", mas "que nosso papel na história realmente foi único".

O povo de Israel começa com Abraão, e sua carga e ensino são o que o define.

Vayera - *Bereshit* 18:1-22-24

Pode o bem neutralizar o mal?

O Capítulo 18 do Livro do *Bereshit* descreve o dilema que surge quando as sociedades não só violam os direitos humanos de seus cidadãos, mas também ameaçam toda a civilização. Sodoma e Gomorra são o paradigma bíblico destas sociedades.

Os males destas sociedades, não são os de desonrar ou ofender a Deus. O que desperta a ira da divindade não é a negligência de oferendas e sacrifícios, o desrespeito de um enunciado oracular, ou fazer um juramento falso. Os pecados são inteiramente no plano moral, e da idolatria não existe sequer sussurro.

Como no caso do dilúvio, a história de Sodoma e Gomorra se baseia na existência de uma lei moral de aplicação universal pela qual todos os seres humanos são responsáveis perante Deus.

> *"A ideia de que há uma íntima, de fato, inextricável, ligação entre a condição sociomoral de um povo e seu destino final é um dos principais pilares sobre os quais repousa toda a interpretação bíblica da história." (Yehezkel Kaufmann)*

Tendo em conta estes entendimentos, o fato de que a Torá fala do questionamento de Abraão da justiça de Deus, não é nada menos que surpreendente. Isto é especialmente assim, considerando que quando Deus diz a Noé: "Eu estou trazendo o dilúvio para destruir toda a carne ...", Noé não discute ou faz perguntas. Quando Deus dá a conhecer a Abraão: "O clamor contra Sodoma e Gomorra aumenta", Abraão abre a boca e começa um dos confrontos mais notáveis na Bíblia entre um ser humano e Deus.

A primeira vista, parece que o patriarca está protestando o elemento de destruição indiscriminada no plano do Senhor e pedindo-lhe ser substituído por um ataque cirúrgico dirigido apenas contra os infratores. No entanto, um olhar mais atento revela que, na verdade, o que Abraão está pedindo é que a existência de uma minoria de justos evite a destruição de toda a cidade, incluindo os pecadores.

Em outras palavras, Abraão está argumentando que, talvez, o mal deve ser preservado não só por misericórdia e compaixão para com os justos, mas talvez porque a existência de uma minoria de justos pode neutralizar a maldade da maioria.

É essa crença que leva a muitos dos líderes do mundo livre, bem como amplos setores da opinião pública no Hemisfério Ocidental, a vacilar contra a necessidade de enfrentar com firmeza o mal que ameaça o mundo.

É esta a tolerância do mal que cria a janela de oportunidade que permite a continuação da miséria, o terror, o sofrimento e a morte que se abate sobre milhões de pessoas no Oriente Médio e partes da África.

O pecado de Sodoma e Gomorra, bem como os seus homólogos modernos, é uma corrupção moral e social monstruosa, um desprezo arrogante dos direitos humanos fundamentais, uma insensibilidade cínica ao sofrimento dos outros.

Todo líder responsável, desde os aliados que tinham que decidir o bombardeio de Dresden ou arriscar ainda mais baixas aliadas e deixar Hitler no poder, a funcionários do governo de Israel que devem responder aos ataques de foguetes indiscriminados contra civis em Israel, se pergunta, como Abraão, se não houver outra possibilidade.

O TaNaKh registra o questionamento que Abraham faz da justiça final, porque essa é a primeira coisa que qualquer ser humano decente tem que fazer: considerar a vida inocente por sobre a verdade e a justiça.

A Torá, no entanto, não se baseia em pensamentos desejosos, ela é o resultado do confronto das esperanças mais sublimes da humanidade com as mais duras realidades.

Depois que Abraão lançou seu desafio com a esperança de encontrar as metafóricas cinquenta pessoas inocentes, ele é forçado a reduzir gradualmente os seus números. Finalmente, ele tem que reconhecer que "dez pessoas inocentes" não irão compensar a tolerância do mal.

A mensagem é que o mal não pode ser erradicado senão pela força. Nunca há bondade suficiente no mundo para compensar o poder destrutivo daqueles que não têm consideração pela vida humana.

O sacrifício da razão e não o de Isaac

Diz-se frequentemente que *Bereshit* 22 é uma das narrativas mais belas da Literatura Fundamental Judaica, ocupando também um lugar especialmente destacado entre as narrativas da literatura mundial. Ao mesmo tempo, ela gera uma das questões mais intrigantes que desafiam as sociedades religiosas e morais.

Trata-se de um relato sobre Deus testando (em hebraico = *nisah*) Abraão, o primeiro dos patriarcas de Israel, ordenando-lhe que sacrificasse seu amado filho, Isaque. No momento em que Abraão está prestes a executar a terrível ordem, um anjo o chama para que pare, *"porque agora vejo que você é temente a Deus e não me negaria o seu filho..."* (*Bereshit* 22:12).

O leitor, no entanto, é informado desde o início do relato que Deus está apenas testando (*nisah*) Abraão, e que Ele nunca teve a real intenção de que o filho de Abraão fosse morto. O propósito do relato está centrado no "teste".

Carmy Shalom e David Shatz, do Departamento de Estudos Judaicos e Filosofia da Universidade Ortodoxa Yeshiva, em Nova York, comentam que:

Em sua brilhante "lírica dialética" Temor e Tremor, o filósofo dinamarquês do século XIX, Søren Kierkegaard, propôs uma leitura do "sacrifício de Isaque" (a akedah, como é chamada em hebraico) que tem dominado as interpretações do episódio desde então.

Abraão é o "cavaleiro da fé", cuja grandeza consiste em obedecer a Deus...

Abraão estava disposto a cometer um ato cuja descrição religiosa é "sacrifício", embora sua descrição ética seja "assassinato."

Kierkegaard reconhece a possibilidade de conflito entre mandamentos divinos e a moralidade e afirma a supremacia da fé religiosa em todas essas situações.

Immanuel Kant, amplamente considerado uma das figuras centrais e mais influentes da filosofia moderna, adotou uma posição mais ousada ao afirmar que:

"Há certos casos em que um homem pode estar convencido de que não pode ser Deus a voz que ele pensa ouvir: quando a voz lhe ordena fazer algo que é contrário à lei moral..."

Kant está convencido de que esse mandamento para matar não poderia ter vindo de Deus, pois Deus não pode contradizer Sua lei moral que ordena não matar.

Sem hesitar, Kant não perde mais tempo; sustenta que a resposta correta de Abraão à voz do céu deveria ter sido:

"Que eu não devo matar meu bom filho é algo absolutamente certo. Mas que você, esta aparição, é Deus — disso não tenho certeza, e nunca poderei ter..."

O que a literatura fundamental de Israel ensina, no fim, é que existe uma ética à qual até mesmo Deus deve se submeter, pois, se não o fizer, Ele seria culpado de injustiça.

Chayei Sarah - *Bereshit* 23:1-25:18

A história é a área em que os valores de uma sociedade se tornam realidade

O judaísmo é uma cultura com base no destilado das experiências acumuladas através de sua história, esta é a raiz de todos os valores judaicos.

A história judaica é a área em que os valores são atualizados, portanto, não há mais ameaça o tecido do judaísmo que o esquecimento.

Em outras palavras, uma grande parte de ser judeu é o resultado de fazer parte da história judaica, seu passado, presente e futuro.

O falecido filósofo e historiador de ideias Isaías Berlin escreveu que:

> " *Uma vez que foi dito, pelo famoso revolucionário russo Alexander Herzen, escrevendo em meados do século XIX que os eslavos tinham nenhuma história, apenas geografia. A situação dos judeus é o oposto. Ao contrário, eles tiveram muita história e pouca geografia. Por conseguinte, a fundação do Estado de Israel deve ser considerada uma parte histórica de reparação desta situação anormal. Os judeus tiveram certamente mais do que sua parte da história, ou, como alguns poderiam dizer, martirológio.* "

Esta reflexão poderia lançar alguma luz sobre a importância que o capítulo 23 do Livro do *Bereshit* tem para o judaísmo hoje:

"*E morreu Sara em Kiryat Arba, que é Hebron, na terra de Canaã; e veio Abraão lamentar Sara e chorar por ela.*"

Após esta abertura, o capítulo passa a relatar com extraordinário detalhe como Abraão comprou a caverna da *Macpela*, na cidade de Hebron para enterrar sua esposa Sarah lá.

Jerold S. Auerbach, um professor de história na Universidade de Wellesley, que escreveu um livro sobre os judeus de Hebron, observa que

> "*A descrição detalhada do local da Macpela em Bereshit é incomparável na narrativa bíblica. Ele contrasta fortemente com a localização intencionalmente vaga em Deuteronómio na colocação do túmulo de Moisés. Lá nós simplesmente lemos que " ninguém sabe o lugar de sua sepultura até hoje." (Bem, como também lá de seu irmão Aaron e sua irmã Miriam, que foram enterrados no deserto sem marca alguma.) O local de sepultamento de Moisés, em algum lugar a leste do Jordão, mas fora da terra, "lá", permanecerá para sempre desconhecido, enquanto que o lugar do enterro da Macpela manteve-se um santuário reverenciado desde o enterro de Sara. "*

A "*Macpela*" é o lugar onde, segundo a tradição todos os patriarcas e matriarcas de Israel acabaria por ser enterrados, é o primeiro pedaço de imóveis na terra prometida.

Herodes- o último rei de Israel- como parte de sua programa massivo de construção lançado no ano de 37 a.e.c. construiu o enorme recinto para os túmulos de *Macpela*, que depois de 2.000 anos ainda está de pé hoje.

Hebron é a principal cidade de Judá, foi a capital de Judá durante o reinado de David, a cidade onde Sadoc o sacerdote da Judeia de David veio.

Mencionada 87 vezes no Tanakh, Hebron é realmente a mais antiga comunidade judaica no mundo.

"Se fôssemos uma nação normal", disse o ex-primeiro-ministro israelense Ariel Sharon, "quando um visitante chega aqui, não teria tomado a Yad Vashem [o memorial do Holocausto museu em Jerusalém] mas em Hebron. Nós gostaríamos de levá-lo para onde estão as nossas raízes. "

Hebron é o único lugar onde judeus vivem entre os palestinos.

"Em nenhum lugar na Cisjordânia", escreve o jornalista investigativo Robert I. Friedman, o fundamentalismo islâmico é tão forte ou tão inóspito para os estrangeiros como em Hebron, onde não há bares ou salas de cinema e onde muitas mulheres palestinas usam vestidos longos e cobrem suas cabeças com lenços. Além disso, não há lugar, acrescentou, onde o fundamentalismo judaico é tão intransigente. De fato, para muitos judeus ortodoxo, Hebron é uma cidade que inspira quase tanta paixão e compromisso como Jerusalém. "

Hebron é uma cidade em que o conflito palestino judaico assumiu sua forma mais intensa, porque, junto com

Jerusalém, é o campo de batalha pela possessão da história da terra.

Para os judeus as raízes históricas são existencialmente importante.

Assim, para a maioria dos judeus, como notou o professor Auerbach:

> *"Chaye Sarah [Bereshit, capítulo 23] narra o momento preciso em que o apego do povo judeu à Terra de Israel e para Hebron foi selado para sempre. Sua leitura anual afirma a ligação ininterrupta de identificação entre o presente e o passado."*

Toldot - *Bereshit* 25:19-28-9

Ser Astuto é Imoral?

Se a paternidade de Abraão é compartilhada com cristãos e muçulmanos, somente os judeus podem realmente chamar Jacó de "pai". O mesmo não pode ser dito de Abraão ou de Isaque. Jacó é o verdadeiro pai do povo de Israel. Ele é a ponte final na transformação de uma família em uma nação; com ele, encerra-se a era dos Patriarcas na história de Israel.

Para o bem ou para o mal, ele também personifica o povo judeu. Tudo o que lhe aconteceu prenunciou a vida de Israel.

Ocupando quase metade dos cinquenta capítulos de *Bereshit* (nascido no capítulo 25, sua morte registrada no capítulo 49), Jacó surge como uma figura mais rica e complexa do que qualquer outra personalidade do livro.

Por ser retratado com todas as falhas e fragilidades de um ser humano, é fácil se identificar com ele. Eis um homem que viveu sua vida inteira em constante tensão: com seu irmão, com seu pai, com sua família estendida e até com seus próprios filhos.

Jacó é um homem que se recusa a aceitar a mão que lhe foi dada, disposto a assumir enormes riscos para melhorar sua sorte e garantir o futuro de seus descendentes.

Mais do que Abraão ou Isaque, os outros dois patriarcas, ele é o personagem mais racional e engenhoso de *Bereshit*. E, como todo ser humano, é profundamente falho.

De fato, já foi chamado de "o espertalhão do mundo bíblico", "um trapaceiro inescrupuloso." Sua vida está enredada em ambiguidades morais. Suas ações para com os outros são muitas vezes mais táticas do que principio lógicas.

Ele enganou seu pai, trapaceou duas vezes seu irmão gêmeo Esaú e aproveitou-se de seu sogro com autojustificação.

Jacó se torna Israel não por ouvir a palavra de Deus, mas por lutar com Ele.

Ainda assim, o professor Nahum Sarna acrescenta que pode haver circunstâncias atenuantes:

> *"Apesar dos aspectos desagradáveis das ações de Jacó, é evidente que a aplicação bem-sucedida do oportunismo astuto era bem respeitada no antigo Oriente Próximo, assim como o é na sociedade contemporânea."*

O professor de direito constitucional norte-americano Alan Dershowitz oferece uma perspectiva paralela:

> *"Não há recurso a um sistema legal no mundo de Gênesis — sem processos, sem injunções, sem sanções penais. Para ter sucesso e não ser vítima, um indivíduo deve recorrer à violência ou à astúcia. Outro homem ambicioso, que acreditasse ter direito à primogenitura de seu irmão mais*

velho, poderia ter matado seu competidor, como tantos irmãos fizeram na história e na literatura. Jacó simplesmente superou Esaú com inteligência, seguindo assim a tradição familiar estabelecida por seu pai e avô, ambos dos quais haviam ludibriado reis, em vez de seu ancestral Caim, que recorreu ao fratricídio. Como Ulisses na literatura grega, Jacó é elogiado como um homem astuto, pronto e capaz de empregar a astúcia e a fraude para navegar pelas águas perigosas da vida. Em seus relacionamentos, Jacó rejeita a violência de seu irmão gêmeo mais físico, Esaú, preferindo cérebro a músculos.

A astúcia é o grande nivelador entre os fisicamente desiguais. Jacó entende que não é páreo para seu irmão mais forte no combate físico. Nem seu clã é páreo para as tribos muito mais numerosas e belicosas. Assim, ele deve confiar em sua inteligência."

Dershowitz conclui:

"A história de Jacó é uma lição sobre a simetria da justiça, mesmo na ausência de lei formal."

Daniel J. Elazar, professor de ciência política da Universidade Bar-Ilan e presidente do Centro de Assuntos Públicos de Jerusalém, extrai o significado político mais amplo:

"Os Esaús do mundo não podem assumir o manto de Abraão por causa de suas deficiências pessoais. Pelo menos, os Jacós são o mal menor, porque

podem ser disciplinados, educados e redirecionados. Deus testa e tempera Jacó para transformar sua inteligência e astúcia em fins morais. Deus escolhe Jacó porque pode vinculá-lo por meio da aliança e espera conter sua esperteza por meio das restrições da liberdade federal — liberdade de acordo com os termos da aliança — enquanto o homem natural só pode ser contido pela força."

Aqui está a tradução para o português, já revisada e editada para fluir melhor como comentário literário:

Os Poços de Isaque

O capítulo 26 do Livro do *Bereshi*t registra o que, há quatro mil anos, foi a primeira expulsão daqueles que mais tarde se tornariam o povo judeu.

Levado pela fome da terra, Isaque — como antes seu pai Abraão — dirige-se ao Egito em busca de alimento. No caminho, detém-se em uma pequena cidade-estado na fronteira de Gaza, onde cultiva a terra com grande êxito, tornando-se objeto de inveja dos habitantes locais. Temendo um conflito, o rei ordena a sua saída com as palavras:

> *"Afasta-te de nós, pois já és muito mais poderoso do que nós."*
> *Expulso da terra fértil, Isaque e sua casa passam a depender da água do deserto.*
> *"E Isaque partiu dali, acampou no vale de Gerar e habitou ali...*

*E os servos de Isaque cavaram no vale e
encontraram ali um poço de águas vivas.
Mas os pastores de Gerar contenderam com os
pastores de Isaque, dizendo: 'A água é nossa.'
Então cavaram outro poço, e também por ele houve
contenda.
E dali se afastou e cavou outro poço; e por este não
contenderam." (Bereshit 26:19–21)*

A pergunta inevitável ao ler uma passagem como esta é:
por que foi escrita? O autor certamente sabia que, para uma
história atravessar gerações, ela deveria conservar
relevância em diferentes épocas.

Os rabinos Matthew e Miriam Berkowitz ensinam:

*"Isaque não pode mudar seus vizinhos, mas, ao
mudar suas próprias ações, transforma toda a
situação. Sensibilidade e criatividade o ajudam a
romper um ciclo destrutivo. Comprometido em
viver na terra de seu pai, ele cava seus próprios
poços. Mantém a visão, mas adapta a estratégia...
A água representa a vida, mas quando a água de
Isaque se torna motivo de discórdia, ele entende
que outras águas devem alimentar sua visão. E
assim cava até encontrar águas de paz e vida... O
que ele não faz é recorrer à violência."*

Mais adiante, continua o capítulo 26, o rei e o chefe de suas
tropas vêm de Gerar para ver Isaque e declaram:

*"Vemos claramente que o Senhor está contigo, e
pensamos: haja, pois, um juramento entre nós e ti.*

Façamos um pacto contigo de que não nos farás mal..."

Eles trocam juramentos, e Isaque os despede em paz.

O relato conclui:

> *"E aconteceu, naquele mesmo dia, que os servos de Isaque vieram e lhe deram notícia acerca do poço que haviam cavado, e disseram: 'Achamos água.' E ele o chamou Shibá. Por isso o nome da cidade é Berseba até hoje." (Bereshit 26:32–33)*

Vayetzei - *Bereshit* 28:10-32:3

Duvidando Deus

Embora na liturgia judaica Deus é identificado como o Deus de Abraão, Isaac e Jacó, as pessoas que o seguem são conhecidas como descendentes só de Jacó (ou seja: os Filhos de Israel).

Tão significativo é Jacó para Israel que a metade dos cinquenta capítulos do livro de *Bereshit* é dedicada a ele: uma parcialidade intrigante na Literatura Fundacional do povo judeu.

Bereshit conta uma história em que Jacó é corajoso e inteligente, mas, ao mesmo tempo, deixa transparecer uma condenação implícita de que é percebido como uma conduta antiética.

O filósofo e teórico político israelense Joram Hazony, argumenta que se trata de um homem complexo, que nega a mão que tem sido dada, e que está disposto a assumir riscos enormes para tentar melhorar suas situações e sua posteridade; uma atitude que mais de uma vez o obriga a fugir.

Em uma dessas ocasiões é passar a noite em um campo aberto em um local a cerca de 14 quilômetros ao norte de Jerusalém. Tem um sonho em que Deus diz:

> *"Eu sou o Senhor Deus de Abraão teu pai, e o Deus de Isaque; esta terra, em que estás deitado, darei a ti e à tua descendência;*

E a tua descendência será como o pó da terra, e estender-se-á ao ocidente, e ao oriente, e ao norte, e ao sul, e em ti e na tua descendência serão benditas todas as famílias da terra;
E eis que estou contigo, e te guardarei por onde quer que fores, e te farei tornar a esta terra; porque não te deixarei, até que haja cumprido o que te tenho falado. "(Bereshit, capítulo 28, versículos 13 -15)

Ao acordar do sono

Jacó fez um voto, dizendo: Se Deus for comigo, e me guardar nesta viagem que faço, e me der pão para comer, e vestes para vestir;
E eu em paz tornar à casa de meu pai, o Senhor me será por Deus;
E esta pedra que tenho posto por coluna será casa de Deus; e de tudo quanto me deres, certamente te darei o dízimo. "(Bereshit, capítulo 28, versículos 20 -22)

Seu pensamento, é: Será que Deus é capaz de entregar? Como posso ter certeza? É razoável confiar nas promessas de um sonho? E se acontecer de ser meras projeções de meus desejos? Vamos esperar e ver o que acontece; se o Senhor cumpre Suas promessas, então Ele será realmente o meu Deus.

Notando que o personagem de Jacó que emerge das histórias do *Bereshit* é um trapaceiro, Susan Niditch, uma estudiosa da Bíblia, em Amherst College, em Massachusetts fez o comentário que, como em todos os contos de trapaceiros, há uma falta de respeito pela autoridade. Jacó tenha desrespeitado a autoridade de seu pai, seu irmão mais velho, seu tio materno e sogro, e autoridade, em última instância divina.

Isso não é incomum na história de Israel, "quase todas as grandes figuras bíblicas em todo o corpo", diz o Dr. Hazony ", são estimados pela dissensão e desobediência Abel, Abraão, Jacó, Moisés, Arão, e outras figuras são pintados no TaNaKh como resistindo não só os homens, mas o próprio Deus ".

O TaNaKh não caracterizado por pintar seus heróis perfeitos, coloca o foco sobre as qualidades do Jacó que tornam a sobrevivência.

A psicanalista Dorothy Zeligs diz que se há um tema que resume o padrão de vida de Jacó e seus descendentes é: o esforço.

Deus, diz Hazony, admira e valoriza aqueles que desafiam o decreto da história, e que se atrevem a melhor as coisas para eles e suas famílias, mesmo quando elas entram em conflito com a ordem que foi criado para eles, pelo rei e o Estado, pelos pais, pelo próprio Deus. Na verdade, nós temos que entender que é apenas as tais pessoas são aquelas que ganham a bênção de Deus.

"Um judeu não faz isso."

Quando Jacó se encontra na casa do irmão de sua mãe, na Mesopotâmia, apaixona-se por Raquel, a filha mais nova. Labão, seu tio, promete dá-la como esposa, mas na noite do casamento troca Raquel por sua filha mais velha, Leia.

E assim lemos em *Bereshit* 29:25:

> *"Quando chegou a manhã — era Leia!*
> *Então ele disse a Labão: 'Que foi que você me fez?*
> *... Por que me enganou?'"*

A tradição judaica não tem sido benevolente com Labão, rotulando-o de "O Enganador", o que é difícil contestar. Contudo, ao casar primeiro sua filha mais velha, Labão age segundo as normas do seu povo.

Além do engano, ele também age generosamente. Por exemplo, ainda assim dá a Jacó sua filha mais nova, Raquel, depois de este ter se casado com Leia, junto com não poucos presentes.

Labão quer ensinar a Jacó duas lições importantes.

A primeira: aquele que engana os outros pode esperar ser, por sua vez, enganado.

A segunda vem na resposta de Labão à reclamação de Jacó:

> *"Aqui não se faz assim: não se dá a mais nova*
> *antes da primogênita."*

Até então, Jacó dera pouca importância às tradições, ignorando que elas consagram a ética de uma comunidade e definem quem são as pessoas que dela fazem parte.

A lição, no entanto, foi aprendida e assimilada pelos descendentes de Jacó:

Tamar, filha do rei Davi, reprova a torpeza moral de seu meio-irmão Amnom com as palavras:

"Tal coisa não se faz em Israel."

De fato, por gerações, os pais ensinaram o que o Judaísmo representa com a frase simples: "Um judeu não faz isso."

Definir o que é o Judaísmo e o que ele faz não é complicado. Como disse o falecido e destacado estudioso judaico-americano Arthur Hertzberg:

> *"Muitos judeus se lembram, como eu, de uma avó que costumava dizer, do fundo de sua alma, a respeito de certas coisas, que 'um judeu não faz isso'. Como doutrina política e social, isso pode parecer impreciso, mas, para quem não é alheio à experiência judaica herdada, esse padrão se mostra ao mesmo tempo preciso e profundamente moral."*

Se o Judaísmo, em última instância, é o que os judeus aprenderam de suas experiências ao longo da história, então o modo como os judeus se comportam é o que se chama de "ética judaica."

Tradicionalmente, os judeus têm sido altamente conscientes de seu comportamento como grupo, como *am Israel*, o povo de Israel. A unidade e a solidariedade têm sido aspectos marcantes desse comportamento.

Se a ideia de *"Judeus não fazem isso"* deixar de aparecer sempre que os judeus se comportarem mal entre si e em relação aos outros, pode-se tornar realidade a reflexão de Erich Fromm: ainda possuímos uma herança ética, mas ela em breve poderá se esgotar.

Vayishlach - *Bereshit* 32:4-36:*43*

Israel

No TaNaKh, usando as palavras do falecido teólogo Gerhard Von Rad, um nome não foi apenas "barulho e fumaça" em vez disso, havia uma relação estreita e essencial entre ele e seu sujeito. Para Israel bíblica, os nomes não significava simplesmente colar uma etiqueta arbitrária. Significava conferir a alguém ou alguma coisa o seu sentido e significado, então *Samuel 1* diz: "Tal como o seu nome assim ele é."

É dentro desse contexto que *Bereshit* capítulo 32 elabora uma história dramática de nomenclatura que, sem dúvida, tem como objetivo identificar a essência de Israel e estabelecer o seu destino.

Na história, o patriarca Jacó passa a noite sozinho preparando-se para encontrar seu irmão gêmeo Esaú, a quem ofendeu no passado. Cheio de dúvidas quanto ao que seria o resultado, ele vive uma experiência extraordinária.

Em uno das passagens mais desconcertantes no TaNaKh, um homem, vindo aparentemente do nada, assalta o patriarca lhe dando nenhuma escolha a não ser lutar por sua vida.

A missão do homem com quem Jacó lutou não é especificada e é, portanto, uma questão de conjectura. No entanto, o objetivo inicial do confronto com o agressivo estranho poderia muito bem ter sido forçar Jacó a enfrentar seus medos e recuperar a autoconfiança necessária para enfrentar o seu irmão. Assim, vindo sob um ataque injustificado por um homem desconhecido para ele, Jacó não tinha escolha a não ser deixar de lado todos os medos de inadequação e defender-se tão vigorosamente quanto possível.

O falecido Samuel Terrien, um dos principais estudiosos da Bíblia de nossa geração, nos diz que o narrador bíblico usa a psicologia do medo e remorso individual, a fim de proporcionar um cenário histórico para sua filosofia teológica da missão de Israel no mundo.

A luta continua através da noite com nenhum dos lados dominando o outro; Jacó no entanto, consegue segurar seu atacante até o ponto em que ele é forçado a dizer:

> *" Deixa-me ir, porque já a alva subiu.*
> *Porém ele disse: Não te deixarei ir, se não me*
> *abençoares.*
> *E disse-lhe: Qual é o teu nome? E ele disse: Jacó.*
> *Então disse: Não te chamarás mais Jacó, mas*
> *Israel; pois como príncipe lutaste com Deus e com*
> *os homens, e prevaleceste." (Bereshit, capítulo 32,*
> *versículos 27-29)*

O nome "Israel", de acordo com a interpretação dada neste texto, simboliza a luta e triunfo diante de todas as adversidades.

O rabino Daniel Jeremy Silver filho do rabino Abba Hillel Silver, um dos líderes mais importantes do sionismo americano e um jogador-chave no estabelecimento do Estado de Israel, explicou:

"A etimologia indicada "aquele que luta com Deus ", é linguisticamente inaceitável, mas certamente foi a crença que o editor bíblico acarinho, e continuou a ser um tema central de piedade para o povo judeu. Lutar com o seu dever e medos próprios e perseverar a qualquer custo foram características altamente respeitado por aqueles que se chamado pelo nome de Israel.

O 14 de maio de 1948 líderes judeus declararam "estabelecimento de um Estado judeu na Terra (Eretz) - Israel, a ser conhecido como o estado de Israel.

Honra? Dissuasão?

Em apenas quatro versículos, o capítulo 34 do *Bereshit* apresenta a justificativa para que dois filhos de Jacó, Simeão e Levi, escrevessem um dos capítulos mais sombrios da história judaica.

> *"E Diná, filha de Leia, que ela dera a Jacó, saiu para ver as filhas da terra.*
> *E Siquém, filho de Hamor, o heveu, príncipe da terra, viu-a, tomou-a e deitou-se com ela à força.*
> *Mas apegou-se a Diná, filha de Jacó; amou a jovem e falou-lhe ao coração.*
> *E Siquém disse a Hamor, seu pai: 'Toma-me esta moça por esposa.'"*

Os filhos de Jacó ficaram profundamente indignados, *"pois ele havia cometido uma afronta em Israel, ao deitar-se com a filha de Jacó, coisa que não se deve fazer."*

Embora o pai de Siquém peça a Diná como esposa para seu filho, oferecendo qualquer preço que lhe fosse exigido em troca, "os filhos de Jacó responderam com engano":

> *"Somente nesta condição concordaremos convosco: se vos tornardes como nós, circuncidando-se todo macho entre vós.*
> *Então poderemos dar-vos nossas filhas e tomar as vossas para nós; poderemos habitar convosco e ser um só povo."*

E assim, todo homem foi circuncidado.

Quando, porém, os siquemitas estavam enfraquecidos pela dor, Simeão e Levi, irmãos de Diná, tomaram cada um sua espada, entraram na cidade desprevenida e mataram todos os homens.

Trata-se de uma história tão terrível que somos levados a perguntar qual foi o propósito de manter viva sua memória. E justamente nas Escrituras formativas de Israel: o *TaNaKh*.

Há duas respostas possíveis para essa questão: ou as Escrituras consideraram os filhos de Jacó louváveis, ou quiseram nos lembrar que, mesmo diante das maiores ameaças, os judeus não devem agir dessa forma.

Até hoje os judeus debatem o episódio, oferecendo argumentos a favor e contra. Alguns sustentam que apenas uma forte noção de honra e de dissuasão assegura a sobrevivência.

Contudo, apenas alguns capítulos depois, as Escrituras de Israel são inequívocas em seu veredito: no leito de morte,

Jacó, o último dos patriarcas, retira sua bênção de Simeão e Levi, declarando-os filhos indignos, sem direito a herança na Terra Prometida.

Não surpreende que o nome de Deus não apareça uma única vez nessa história.

Vayyeshev - *Bereshit* 37:1-40-23

Injustiça social? Deixa as mulheres bíblicas corrigi-la.

A história de José -a mais longa narrativa do livro de Bereshit é interrompida para contar um episódio na vida de um de seus irmãos. À primeira vista, é, nas palavras do advogado Alan Dershowitz: "uma novela estranha envolvendo sexo por dinheiro entre Judá, irmão de José, e sua disfarçada nora - Tamar." Mais sobriamente é uma história que tem toda a aparência de um caso de direito de família:

Judá tem três filhos. Ele encontra uma esposa para seu filho primogênito, mas logo após seu casamento este morre sem filhos. De acordo com o livro de Deuteronómio:

> *Quando alguns irmãos morarem juntos, e algum deles morrer e não tiver filho, então, a mulher do defunto não se casará com homem estranho de fora; seu cunhado entrará a ela, e a tomará por mulher, e fará a obrigação de cunhado para com ela. E será que o primogênito que ela der à luz estará em nome de seu irmão defunto, para que o seu nome se não apague em Israel. (Deuteronómio capítulo 25 versículos 5 e 6).*

Embora o objetivo desta lei é discutida, não há dúvida de que uma das suas principais intenções era corrigir uma injustiça inerente à sociedade patriarcal.

A Dra. Leila Leah Bronner, professora de Bíblia e História
Judaica explica:

> *"Uma viúva com filhos podia sentir a segurança de
> saber que ela estaria protegida, porque seus filhos
> herdariam o espólio de seu pai, e pode ser
> assumido que iria fornecer para sua mãe. A viúva
> sem filhos, em contraste, não recebeu nenhum
> estado. De acordo com as leis do casamento
> levirato, a viúva sem filhos estava à mercê do
> cunhado que deveria se casar com ela, mas que
> pode se recusar, deixando-a ela em uma posição
> insustentável e insegura. "*

E isso é exatamente o que acontece neste caso. O segundo
filho de Judá se recusa a seguir o costume e ter um filho
com a esposa de seu irmão falecido. Em seguida, ele
também morre.

Judá está agora obrigado a prometer Tamar a semente de
seu filho mais novo, Selá. Ele faz, mas, aparentemente, não
tem a intenção de manter sua promessa. Ordena Tamar para
voltar a viver com a família de seu pai até que Selá cresceu,
provavelmente esperando que a distância vai dissuadi-la
para exigir-lhe manter à sua promessa.

Presa pelas costumes da sociedade bíblica Tamar entende
que ela não está em posição de exigir seus direitos, ela é
uma mulher abandonada que é estéril; não é nem uma
viúva independente nem uma esposa dependente.

Claus Westermann, um dos principais estudiosos das
escrituras hebraicas do século XX, observa que:

"A narrativa poderia continuar com Tamara implorando a ajuda de Deus e de ser resgatada da sua angústia por intervenção divina. Mas não há qualquer vestígio de isso no capítulo 38. É uma narrativa secular do começo ao fim, e ainda conta como Tamar- adquire seu direito por uma artimanha ousada e inteligente no limite da decência."

Recorrendo a sedução, ela engana Judá para executar o papel do Levir no lugar de seus filhos, um ato que, eventualmente, obrigou- ló a reconhecer publicamente a sua injustiça.

Ao demonstrar sua capacidade de reconhecer suas falhas e de arrependimento, Juda prova ser a escolha certa de seu pai Jacó para assumir a liderança de seus irmãos. Em um sentido amplo o objetivo dessa história é a "educação de Judá" para assumir a liderança dos filhos de Israel.

O professor Westermann observa que

"É uma característica das histórias patriarcais", que a revolta contra a ordem social estabelecida, onde é uma questão de injustiça, é sempre iniciada por mulheres. E, em cada caso, a justiça de tal auto- defesa é reconhecida."

A narrativa do TaNaKh, em efeito, recompensa Tamar com filhos gêmeos nascidos de seu acoplamento com Judá, um dos quais acabou por ser o ancestral direto do Rei David.

Como afirma o escritor Jonathan Kirsch: " A história sugere que não iria ter sido pelo ato ousado de sedução d'uma mulher cananéia, não teria havido nenhuma tribo de Judá, e, portanto, não haveria judeus ou David e, portanto, nenhum Messias."

Salvador ou Escravocrata?

Os capítulos 37, e 46-50 de *Bereshit* fecha a história de Abraão, seu filho Isaac e seu neto Jacó, os patriarcas de Israel. É uma história magistral, incomparavelmente tecida pela delineação de caráter, manipulação psicológica e suspense dramático. Considerada uma das realizações superlativas da arte narrativa hebraica, essa história de "José e Seus Irmãos" foi chamada por Leo Tolstoy a maior narrativa no mundo, inigualável em seu poder dramático e fineses psicológica.

Indiscutivelmente os conflitos que afetam a família de Jacó, e os sentimentos que seus membros experimentam, tocam áreas familiares na vida de muitas pessoas, dotando esta história com o seu apelo universal e intemporal.

Em uma típica história "de trapos a riquezas", a trama gira em torno do filho de um pastor, cruelmente tratado por seus irmãos, que consegue subir ao poderoso cargo de ministro do Egito, a nação mais poderosa e mais rica daqueles tempos.

Correndo ao longo de duas faixas a família e política, o conto dos filhos de Jacó em Bereshit capítulo 41, o segmento litúrgica, desta semana, centra-se na faixa. Começando com o sonho do Faraó conclui com medidas estatais tomadas para estocar grãos. Graças ao conselho dado Faraó e sua corte para instituir o armazenamento de grãos em áreas urbanas, Joseph, o filho de Jacó, é "encarregado de toda a terra do Egito."

O plano de Joseph é o de impor impostos sobre as culturas dos agricultores durante sete anos de fartura, a fim de obter suprimentos suficientes para ser dispensados durante os sete anos de escassez seguintes

De acordo com G. Coats, professor do Lexington Theological Seminary, o plano de José está nas origens do controle centralizado de alimentos na sociedade agrária. Percebida como um plano eficaz que tornaria possível para o povo egípcio para sobreviver à fome, na realidade, foi a base para a escravização do povo egípcio.

Leon Kass, professor emérito do pensamento social na Universidade de Chicago, ainda se pergunta se esta sobre-exploração e modo de armazenamento de grãos em detrimento da poupança suficiente para replantar- pode ter contribuído (para não dizer causado) a fome dos anos que se seguiu. Na verdade, o consenso entre alguns estudiosos é que Joseph usou sua autoridade administrativa para reduzir todos os agricultores do Egito para a servidão. Joseph diz Kass, salva vidas fazendo Faraó rica e, em breve, todo-poderoso..

No entanto, como aponta o estudioso bíblico Claus Westerman:

> *"Não é verdade que o planejamento econômico descrito aqui foi algo novo. Muito antes do tempo descrito por nossa narrativa, celeiros do governo tinham sido uma característica do antigo Egito. A administração de excedentes de cereais em grande*

escala, era uma realidade sem a qual a vida nesta
sociedade complexa teria sido impensável. "

Ecoando outros estudiosos, o crítico literário Harold Bloom
argumenta que a história de José e seus irmãos é um
romance ou "conto de fadas", com a finalidade de atribuir
uma importante função econômica para Joseph, sendo um
recurso literário para aumentar a sua glória.

A história de José não é história no sentido literal, embora
seja contada "como se fosse". Na verdade, aproxima-se
muito mais do folclore. José aparece como o protótipo do
judeu bem-sucedido em terra estrangeira: sempre o
segundo depois do rei. Esse modelo atravessou os séculos e
volta a surgir nas figuras de Daniel, Mordecai e Ester, já no
período do império persa.

Olhar para essa história bíblica pelo filtro das teorias
econômicas contemporâneas não é apenas um anacronismo:
é perder de vista seu verdadeiro propósito. O objetivo do
relato não é outro senão explicar por que a família
"patriarcal" acabou emigrando para o Egito.

Miketz - *Bereshit* 41:1-44:17

Segundo do rei

Capítulo 37 e capítulos 46–50 do Livro do *Bereshit* encerram a história de Abraão, de seu filho Isaque e de seu neto Jacó: os patriarcas de Israel. Um relato magistral sobre os doze filhos de Jacó é tecido com incomparável delineação de personagens, manipulação psicológica e suspense dramático. Há muito considerado uma das realizações supremas da arte narrativa hebraica, foi chamado por Liev Tolstói de "a maior narrativa do mundo, inigualável em força dramática e refinamento psicológico."

Pode-se argumentar que os conflitos que atingem a família de Jacó — e os sentimentos que eles suscitam — tocam em experiências comuns a muitas vidas humanas, conferindo a essa história seu apelo universal e atemporal.

Seguindo duas trilhas narrativas, a familiar e a política, o relato dos filhos de Jacó em *Bereshit* 41 concentra-se especialmente na ascensão política de um deles. A narrativa começa com os sonhos do faraó e culmina com medidas de estadista para o armazenamento de grãos. Pelo conselho dado a faraó e à sua corte, instituindo depósitos urbanos de cereais, José, filho de Jacó, é colocado "à frente de toda a terra do Egito."

O plano de José consiste em fazer com que o faraó taxe os camponeses durante sete anos de fartura, a fim de garantir suprimentos para os sete anos seguintes de escassez.

Embora percebido como um projeto eficaz para salvar o povo egípcio da fome, na realidade tornou-se a base para a escravização da população.

Leon Kass, professor emérito de pensamento social da Universidade de Chicago, chega a perguntar se essa coleta excessiva de grãos — em detrimento da reserva necessária para replantio — não teria contribuído (ou mesmo causado) para a fome dos anos seguintes. De fato, o consenso entre alguns estudiosos é que José utilizou sua autoridade administrativa para reduzir todos os agricultores egípcios à condição de servos. José, observa Kass, salva vidas tornando o faraó rico e, em pouco tempo, todo-poderoso.

Ainda assim, não é verdade que o planejamento econômico descrito aqui fosse algo novo. Muito antes do período narrado, os celeiros do governo já eram uma característica do Egito antigo. A gestão em larga escala dos excedentes de grãos era uma realidade sem a qual a vida nesse império complexo se tornaria impensável.

Seguindo outra linha de interpretação, a história de José e seus irmãos é, na verdade, um conto de romance ou maravilha, cujo objetivo é atribuir a José uma função econômica de destaque — recurso literário para enaltecer sua glória.

José se torna o protótipo do judeu que ocupa a posição de "segundo do rei", modelo que claramente inspira as trajetórias de Daniel, Mardoqueu e Ester na Pérsia imperial, séculos depois.

Enxergar esse relato bíblico através do filtro das teorias econômicas contemporâneas não apenas constitui anacronismo, como também ignora seu propósito verdadeiro: explicar por que a família patriarcal migrou para o Egito.

Vayigash - *Bereshit* 44:18-47:27

Divina Providência?

O filho de José - seguindo o mais novo dos filhos de Jacó - foi maltratado por seus irmãos. Eles o jogaram em um poço e o venderam como escravo. No entanto, ele passou a se tornar o segundo homem mais poderoso no Egito e em condições de salvar a vida de seus irmãos, que não tinham para comer.

Em um ato sem precedentes de perdão, o livro de *Bereshit*, capítulo 45 relata que José falou a seus irmãos assim:

> *"Agora, não vos entristeçais, nem vos pese aos vossos olhos por me haverdes vendido para cá;"*

Sua razão para absolver seus irmãos de responsabilidade pela sua má ação é- em nas palavras do José- porque:

> *"... não fostes vós que me enviastes para cá, senão Deus;"*

Muitos teólogos ao longo do tempo concordaram com José. Sua compreensão encontra expressão popular em palavras, tais como os que se encontram no livro de Provérbios:

> *"O coração do ser humano considera o seu caminho, mas o Senhor lhe dirige os passos."* (Provérbios 16: 9).
> *"As pessoas fazem muitos planos, mas quem decide é o Senhor."*

(Provérbios, 19: 21)

A pergunta que imediatamente se coloca é: Por que Deus enviou José para o Egito? Qual foi o plano de Deus?

Shalom Carmy e David Shatz, dois rabinos ortodoxos que ensinam filosofia na Yeshiva University em Nova York, respondem que o plano divino que enviou José para o Egito, tinha a intenção de escravizar os descendentes de Jacó em "uma terra não deles."

Tal esquema divino parece tortuoso, para não mencionar a sua crueldade. José foi escravizada e depois jogado na prisão sob acusações fraudulentas e, para todos os efeitos práticos, esquecido por Deus, (pelo menos por um bom tempo.)

Afinal, como reconhecido pelos rabinos Carmy e Shatz, Deus tem muitos agentes e um plano divino pode ser realizado de várias maneiras.

Além disso o professor associado de Bíblia no Jewish Theological Seminary of America, o lembrado Nahum Sarna, aponta que o elemento milagroso ou sobrenatural é conspicuamente ausente na história de José. Não há revelações divinas, não há altares, nem atos de adoração. Deus nunca intervém aberta e diretamente na vida de José como Ele faz com Abraão, Isaac e Jacó.

Ainda mais, acrescenta o professor do Lexington Theological, o falecido George W. Coats:

> *"Deus não intervém no curso dos esforços de José. José levantou-se a posições de poder, por causa de sua capacidade administrativa."*

É verdade, diz o professor do Chicago Theological Seminary, Andre LaCoque, que há vezes é dito que "o Senhor estava com José" (*Bereshit*, capítulo 39: 2, 21).

"No entanto", ele se apressa a acrescentar, "tais afirmações são notoriamente raras e todas estão em um só capítulo, levantando a suspeita do leitor a possibilidade de que que estamos lidando provavelmente com adições piedosas ao que de outra forma por é um conto "secular".

"Só quando Jacó está prestes a chegar ao Egito para se reunir com o seu filho há uma multiplicação de referências a Deus por parte de José (*Bereshit* 45: 4-8; *Bereshit* 50: 15-20)."

Devemos manter então que, tecida na história da ação humana é a mão invisível da Divina Providência?

Na ausência de revelação direta, tentando separar os propósitos humanos dos divinos é um terreno perigoso que esvazia de todo o seu significado o conceito das capacidades humanas, para não falar da liberdade humana.

O filósofo Ernest Nagel astutamente argumenta que a hipótese de uma providência divina explica nada que não possa ser explicada tão bem sem essa hipótese.

Então, o que o Tanakh, a Literatura Fundacional de Israel, diz em relação a providência divina?

> *Seria obviamente duvidoso dizer, como H. Wheeler Robinson observou, que a fé de Israel na providência deriva sua força inabalável e intensidade única do aterramento de todos os eventos, sem exceção, na atividade de Deus.*

Preferimos dizer que qualquer evento pode ser aterrado assim, mas que o israelita comum, como nós, provavelmente, deixou uma boa parte de sua vida fora de qualquer relação consciente com Deus. Por outro lado, ele era muito mais preparado do que a maioria de nós a ver uma providência especial em qualquer acontecimento, se o seu contexto sugeriu isso.

Sem dúvida, o TaNaKh está imbuído de um delicado equilíbrio entre a liberdade humana e a divina providência.

Menachem Kellner, professor de Pensamento Judaico da Universidade de Haifa, em Israel, nos lembra que

"A questão da providência divina levanta imediatamente mais três questões, relativas ao conhecimento de Deus, a justiça de Deus, e à liberdade da humanidade. Se Deus provê para nós, em algum sentido, premiando nossas boas ações e punindo nossas infrações, Deus deve conhecer-nos de alguma forma. Se o conhecimento de Deus é perfeito, como a maioria dos crentes religiosos gostaria de afirmar, inclui o futuro, o que vamos fazer amanhã? Se sim, como nós podemos ser considerados seres livres e, portanto, responsáveis por nosso comportamento? "

Segundo o professor de Kellner a posição normativa judaica tem sido ao longo da história a do rabino Akiva no segundo século. Este sábio fez uma famosa declaração no sentido de que, mesmo que Deus saiba tudo, a liberdade humana é preservada. Algo que, tal como foi reconhecido pelo professor Kellner, é uma reformulação do problema, não a solução.

Eliezer Berkovits, entre os teólogos e filósofos judeus, é o que tem feito de forma mais clara o que, de fato, parece ser a posição dos judeus. Ele pergunta:

> *"Como sabemos ?... Como eu já sei de que outra pessoa cuida de mim? Certamente, não por dedução lógica, mas, na verdade, vivendo o seu cuidado e preocupação.*
> *Cuidado que não é expresso, que não é mostrado, que não pode ser experimentado pela pessoa para quem é dirigido, não existe.*

"Como sabemos? ... Como posso saber de alguma forma que alguém se preocupa comigo? Certamente não por dedução lógica,

Vayechi - *Bereshit* 47:28-50:26

Apesar das falhas, lutando por uma sociedade moral e justa

A morte do patriarca Jacó marca o fim do livro de Bereshit, e fecha o período patriarcal em Israel.

Abraão, Isaac e Jacó, os pais fundadores de Israel, foram os líderes de uma família única tateando em meio às paixões e tentações humanas para estabelecer uma sociedade justa e moral.

> *"Todo o período entre Abraão e o Êxodo", diz Martin Sicker, "poderia ter sido resumido em poucas frases curtas em vez de encher mais da metade do livro de Bereshit com histórias a partir das quais só se pode aprender sobre os atores neles.*
> *No entanto, "diz ele," que é exatamente o ponto. Se assumirmos que o propósito do livro de Bereshit como um todo é de estabelecer as bases para o surgimento do povo e da nação de Israel, bem como a criação de uma civilização ideal e de uma sociedade justa e moral que pode ser imitado por outros, é essencial que essa civilização e sociedade, são construídas por pessoas que são reconhecidas como humanas; ou seja, seres imperfeitos como são todos os seres humanos.*
> *Essas histórias ilustram isto dramaticamente. Aqui não há personagens de proporções míticas, não há*

super-heróis, apenas pessoas normais que vivem em famílias disfuncionais, que às vezes fazem coisas que estão erradas, às vezes sem sentido e muitas vezes embaraçoso. E, no entanto, vai ser essas mesmas pessoas que vão passar uma herança intelectual e espiritual que acabará por encontrar a sua plena expressão nos ensinamentos da Torá e da constituição da nação de Israel encontrada nos livros restantes do Pentateuco. "

Apesar de apenas quatro versos foram dedicados à morte de Abraão e dois para a morte de Isaac, três capítulos de *Bereshit* são dedicadas ao desaparecimento de Jacó. Esta descrição excepcionalmente detalhado, escreve o professor de Bíblia Nahum Sarna, reside nas circunstâncias específicas de sua situação. Ele só entre os patriarcas, morre em solo estrangeiro. Ele é, portanto, particularmente preocupado com o enterro em sua tumba ancestral. E sepultamento de acordo com seus desejos envolve um esforço considerável, que, juntamente com os arranjos elaborados, precisa ser completamente descritos ".

Jacó, como Israel, diz o especialista em ética Leon Kass, convoca o filho para lhe ensinar uma lição sobre a morte e sepultamento, e, portanto, com isso também sobre os laços e as dívidas que temos com aqueles que nos precederam.

Com a morte de Jacó, fecha-se o período formativo na história de Israel e o grande drama nacional começará a se desatar, um que vai ocupar os judeus, quando o livro de *Shemot*, "Êxodo", o segundo livro do TaNaKh, é lido no calendário da sinagoga.

SHEMOT

"*Shemot*" — o Livro do *Êxodo*, o segundo livro do *TaNaKh* — é a pedra angular da história nacional de Israel.

Bereshit, o primeiro dos 24 livros que compõem a literatura fundadora de Israel (o TaNaKh), traz uma sequência de histórias sobre pessoas, na maioria membros de uma mesma família marcada por um destino especial. Já *Shemot* (Êxodo), o segundo livro da coleção, apresenta uma virada: não é mais a história de indivíduos, mas sim a história de um povo.

Seu título em hebraico, *Shemot* — "Nomes" — ancora o livro na questão da identidade: quem eram essas pessoas e quem estavam se tornando.

No entanto, em tradução, recebeu outro nome, *Êxodo*, deslocando o foco para o grande drama da libertação: Moisés conduzindo os israelitas para fora da escravidão no Egito, através de quarenta anos de provações no deserto, em direção à terra prometida.

Juntos, os dois títulos capturam o duplo coração da narrativa — a identidade forjada na luta e a liberdade conquistada pela fé e pela resistência.

Nas páginas deste livro encontram-se os acontecimentos que mais profundamente moldaram a memória e a imaginação judaicas. As experiências da geração do Êxodo foram tecidas em uma narrativa que é, ao mesmo tempo, um relato emocionante e uma obra-prima literária — uma das grandes metanarrativas do mundo ocidental.

Os Hicsos

No mundo antigo, contar história era muito diferente do que fazemos hoje. Milagres, lendas e imagens grandiosas faziam parte da narrativa. Os escritores israelitas também recorreram a esse estilo.

Mas, por trás dos milagres da história do Êxodo, há ecos de um episódio real e dramático da história egípcia.

No século XVII a.e.c., grupos de estrangeiros — muitos deles semitas — instalaram-se no Delta do Nilo. Com o tempo, tomaram o poder, controlando o norte do Egito, incluindo a grande cidade de Mênfis. Os egípcios chamaram-nos de *Hicsos*, que significa "governantes de terras estrangeiras". Eles dominaram o Egito por mais de um século.

A lembrança deixada foi amarga. O sacerdote Manetão, escrevendo séculos depois em grego, retratou-os como bárbaros: incendiando cidades, destruindo templos, escravizando famílias. Exagero ou não, a memória de sua ocupação nunca desapareceu.

Por volta de 1550 a.e.c., os egípcios reagiram. Sob a liderança de Amósis, expulsaram os hicsos, perseguindo-os pelo Sinai até derrotá-los no Neguev. Eles desapareceram como potência, mas a cicatriz ficou. Para os egípcios, foi uma humilhação nacional — um trauma que alimentou o medo constante de novas invasões vindas do leste.

Esse medo teve consequências diretas. Para evitar que a tragédia se repetisse, o Egito apertou o controle sobre os estrangeiros que viviam em seu território, sobretudo os escravos do Delta. É justamente nesse ponto que a memória bíblica da opressão dos israelitas começa a se aproximar do contexto histórico.

Mais tarde, alguns autores fundiram essas histórias. O historiador judeu Josefo chegou a afirmar que os hicsos eram ancestrais de Israel. A tese é improvável, mas não se pode negar: a experiência da invasão e expulsão dos hicsos acabou servindo de pano de fundo para a grande narrativa do Êxodo.

Os israelitas não foram os hicsos. Mas o trauma coletivo daquela invasão, transmitido por gerações, pode ter fornecido o terreno fértil para o nascimento da história fundadora de Israel: a fuga da escravidão rumo à liberdade — uma história em que mito, memória e realidade se entrelaçam.

Shemot 1:1-6:1

A "Ausência" de Deus.

O *Livro do Êxodo* não foi escrito para discutir detalhes históricos como o nome do faraó. Seu objetivo era outro: enfrentar duas perguntas universais que acompanham a humanidade desde sempre — qual o papel do divino em nossas vidas e quem somos nós.

O texto afirma que os israelitas viveram no Egito por 430 anos. Mas, como lembra o especialista William Propp, "esses quatro séculos passam sem uma história digna de ser contada". Um longo vazio narrativo — comparável ao cativeiro na Babilônia — que intriga leitores e críticos: onde estava Deus durante tanto tempo de sofrimento?

A questão do "silêncio divino" atravessa a experiência de Israel e de muitas tradições religiosas. O próprio Êxodo destaca esse contraste: após capítulos iniciais repletos de calamidades, Deus só se manifesta no final do segundo capítulo — exatamente quando a opressão se tornava insuportável e as crianças hebreias estavam sob ameaça de genocídio.

Para os teólogos, esse silêncio recebeu muitos nomes: "ocultamento", "retirada", "ausência". O filósofo judeu francês André Neher advertiu que o silêncio, longe de ser vazio, é parte da revelação — tão essencial quanto a pausa em uma peça musical.

O texto bíblico insiste: o silêncio de Deus não significava abandono. Enquanto os israelitas se multiplicavam "como as estrelas do céu", a promessa feita aos patriarcas seguia em andamento. O crescimento do povo já era sinal de que a história estava em movimento, mesmo sem sinais visíveis de intervenção divina.

Nesse ponto, o *Shemot* revela sua riqueza teológica. A imagem de Deus não aparece como uma descrição fechada, mas como intenções reveladas por meio de metáforas e experiências. A Torá surge como um plano de parceria: não apenas mandamentos impostos do alto, mas um caminho de vida em que a presença de Deus depende da resposta humana.

Assim, os séculos de espera no Egito não foram produto da indiferença divina, mas do tempo necessário para que coragem humana e circunstâncias históricas se encontrassem. Só então a libertação poderia começar.

Demorou quatrocentos anos para que Israel erguesse um clamor. Quatro séculos para perceber que vivia em uma civilização que gastava fortunas em tumbas de luxo para a elite, enquanto os corpos dos escravos eram atirados aos crocodilos ou a valas comuns.

Os personagens mudam, mas a trama é a mesma. Por isso o Êxodo continua atual: porque fala de silêncio, resistência e esperança em momentos em que a presença do divino parece distante — mas a transformação já está em curso.

A Bússola Interior Oculta

No início do *Shemot*, o faraó decide enfrentar o crescimento do povo de Israel com uma política brutal:

trabalhos forçados. Mas o efeito é o oposto do esperado. O texto bíblico registra:

> *"Quanto mais eram oprimidos, mais se multiplicavam e se espalhavam, até que os egípcios passaram a temer os israelitas" (Shemot 1:12).*

Quando a escravidão não bastou, veio a ideia mais sinistra: impedir o nascimento de uma nova geração. *Isso não era controle de natalidade, mas infanticídio,* um decreto genocida: matar todos os meninos hebreus ao nascer, poupando apenas as meninas.

> *E o rei do Egito falou às parteiras das hebreias (das quais o nome de uma era Sifrá, e o nome da outra, Puá) e disse: Quando ajudardes no parto as hebreias e as virdes sobre os assentos, se for filho, matai-o; mas, se for filha, então, viva (Shemot 1: 15-16)*

Diante da ordem, duas mulheres simples, Sifrá e Puá, tomaram uma decisão histórica. As parteiras se recusaram a matar os recém-nascidos.

A Torah repete sete vezes, nesse breve episódio, a palavra *parteiras* — uma forma de destacar a coragem delas. Foi o primeiro registro de desobediência civil na história bíblica. E, ironicamente, não partiu de profetas, reis ou guerreiros, mas de duas mulheres quase anônimas.

As parteiras não o fizeram por ordem divina explícita, nem por fidelidade política ao povo hebreu. Fizeram-no porque *"temeram a Deus"* — expressão que, na tradição bíblica, equivale ao que hoje chamamos de consciência ética.

Esses entendimentos são ecoados em hebraico moderno, onde o termo para "consciência ética" é *matzpun*, um termo que conota escondimento. O idioma hebraico moderno também cunhou a palavra *matzpen*, ou seja, bússola, um termo derivado da mesma raiz de ocultamento. Como o rabino Harold Schulweis- observou: homileticamente, a consciência pode ser entendida como a bússola interna escondida que orienta nossas vidas e tem que ser procurada e recuperada repetidamente.

A fé, no relato bíblico, não anula a consciência — pelo contrário, a exige.

E há um dado simbólico poderoso: foram mulheres as primeiras a desafiar o decreto genocida do faraó. As parteiras que salvaram vidas, a princesa egípcia que adotou um bebê hebreu, a mãe e a irmã que esconderam a criança — todos gestos femininos que culminaram na sobrevivência de Moisés. A teóloga Phyllis Trible resume bem: *"As mulheres alimentam a revolução."*

Se o faraó tivesse compreendido o alcance desse poder silencioso, talvez tivesse invertido sua ordem e decretado a morte das meninas. Mas não percebeu. E foi justamente por meio delas que nasceu a libertação.

Moisés: O Homem

A partir do *Shemot* — e ao longo dos três livros seguintes da Torá — a figura de Moisés é a força condutora. Ele é, de fato, a figura mais central de todo o TaNaKh.

O mais surpreendente é que nada nele sugere heroísmo clássico. Moisés não é idealizado. Ele gagueja, pode ser irascível, mostra frieza diante da própria família e até desobedece a Deus. "Moisés está longe de ser um santo ou um exemplar perfeito." "Um ser humano retratado em sua humanidade nua, sem adornos.

A pergunta inevitável é: por que Deus escolheria alguém tão improvável para conduzir Seu grande plano?

O biblista Richard Elliott Friedman observa que, embora seja Deus quem provoca os milagres, a narrativa é moldada pela personalidade de Moisés. Ele domina o tempo, a cena e a execução dos eventos a tal ponto que precisa, repetidamente, lembrar ao povo que não é ele, mas Deus, quem está agindo.

Deus se aproxima do ser humano para suscitar respostas extraordinárias. A diferença está na escolha: Moisés responde com dever; Jonas, com fuga.

O valor de Moisés, então, não está em dons excepcionais, mas na disposição de ouvir e assumir sua parte como homem comum diante de um chamado. É essa disponibilidade que o judaísmo projeta sobre cada indivíduo: a tarefa de responder aos sinais da vida, de não se esconder atrás da armadura invisível que nos anestesia.

Buber descreveu essa armadura como um mecanismo que bloqueia os sinais constantes da realidade. Só raros momentos a atravessam, despertando a alma. Reconhecê-los é perceber que não são extraordinários, mas o tecido mesmo do cotidiano — que nos interpela sempre, ainda que nem sempre estejamos presentes.

É justamente isso que Moisés encarna: a capacidade de se deixar atingir, de ouvir o chamado que outros recusam, de transformar sinais em ação. Da sarça ardente à luta contra a escravidão no Egito, sua grandeza está menos no milagre do sobrenatural e mais na coragem profundamente humana de responder.

Va'eira - *Shemot* 6:2–9:35

A ajuda imprevisível e inexplicável que encontramos

Com o Êxodo do Egito, algo absolutamente novo aconteceu: a história tomou um rumo inesperado e, de repente, o mundo já não era o mesmo.

A mensagem bíblica é clara: quando a humanidade se deixa levar por caminhos autodestrutivos, não há saída senão uma mudança radical de direção.

A própria história está repleta de exemplos. Em momentos decisivos, pequenos grupos ou até mesmo indivíduos solitários surgiram para evitar que nações inteiras desabassem no abismo. Mas ela também está coberta pelos escombros daqueles que, incapazes de reunir a força de vontade — e a fé — necessárias, sucumbiram ao esquecimento.

Curiosamente, só muitos séculos depois a ciência chegaria a conclusões semelhantes. Em 1962, Thomas Kuhn, um professor judeu nascido em Cincinnati, formado em Física em Harvard e que lecionaria em universidades de prestígio como Berkeley, Princeton e MIT, revolucionou a forma como entendemos a mudança. Até então, prevalecia a ideia de que o progresso científico era linear, construído passo a passo por mentes abertas, livres de preconceitos. Kuhn demonstrou o contrário: os grandes avanços não são lineares, mas fruto de rupturas radicais que ele chamou de *"mudanças de paradigma"*.

Estamos diante de uma mudança de paradigma quando o impossível se torna evidente: a Terra já não é o centro do universo, verdades antigas são descartadas e novas se impõem. Muitas vezes, é um único indivíduo que descobre esse novo horizonte — e paga o preço de enfrentar a resistência dos que se recusam a enxergar.

A vida, como a ciência comprova, não avança em linha reta. Assim também a política e a história. Aceitar formas de vida imperfeitas, conformar-se com a mediocridade, não é suficiente. O progresso exige rupturas, líderes inspirados, coragem para corrigir o rumo.

Romper com valores herdados, renegar certezas enraizadas, requer mais que determinação psicológica — requer fé. A fé que diz: *"é possível," "há um caminho melhor," "a vida pode ser redimida."*

A tradição judaica conhece bem essa dinâmica. Do Êxodo à Revolta dos Macabeus, da reconstrução após o Holocausto nazista à criação do Estado de Israel, os desfechos superaram as expectativas mais otimistas. O improvável tornou-se real.

O filósofo Martin Buber descreveu assim esse fenômeno:

> *"Quando estamos profundamente angustiados, podemos nos sentir perdidos, incapazes de agir ou de receber ajuda. E, no entanto, às vezes algo nos ergue das profundezas. Não é iniciativa nossa nem reflexo instintivo. É como se uma mão se estendesse e nos levantasse com uma força que não é a nossa."*

Essa ajuda inesperada e inexplicável, lembra Buber, é a marca da redenção. A experiência coletiva do Êxodo — e os ecos desse acontecimento ao longo da história judaica — testemunham que Deus liberta não apenas indivíduos, mas povos inteiros.

O Endurecimento do Coração

O faraó do Livro do *Shemot* é retratado como o protótipo do governante implacável. Um homem egocêntrico, frio, desprovido de compaixão, incapaz de sentir a dor dos outros, de experimentar vergonha ou culpa. O texto bíblico resume em uma frase a essência desse personagem:

> *"O coração do faraó se endureceu" (Shemot 7:13).*

A metáfora é poderosa. Um coração cercado por uma espessa camada de gordura, incapaz de se abrir à reflexão, ao autoexame ou a julgamentos imparciais sobre o bem e o mal. O "endurecimento do coração" é o entorpecimento da alma, uma condição de atrofia moral.

Cada ato humano deixa marcas. O bem, suaviza e mantém vivo o coração; O mal, repetido, por sua vez, endurece.

Quanto mais o coração humano se endurece, menor é a sua liberdade de mudar; fica cada vez mais prisioneiro de suas próprias ações passadas. Há, porém, um ponto sem retorno: quando o coração se torna tão rígido e entorpecido que perde a capacidade de escolha, restando apenas avançar, inexoravelmente, rumo ao fim inevitável — a sua própria destruição, seja ela física ou espiritual.

Nesse sentido, a história do faraó não é apenas uma lição teológica. É uma metáfora da vida cotidiana.

Cada um de nós, em nossos pequenos gestos, vai moldando a maleabilidade ou a rigidez de nosso coração.

O filósofo Martin Buber acrescenta outra imagem inesquecível. Para ele, vivemos dentro de uma armadura invisível, construída para nos proteger dos sinais do mundo. Esses sinais — lembretes, chamadas, interpelações da realidade — chegam sem parar, mas a armadura nos convence de que nada é pessoal, que tudo é apenas "o mundo", um fluxo impessoal ao qual não precisamos responder. Assim, anestesiados, deixamos de perceber que o viver é, acima de tudo, um ser interpelado.

De tempos em tempos, contudo, um momento rompe essa barreira. Algo nos toca, atravessa a couraça, sacode a alma.

O episódio bíblico, lido à luz da psicologia e da filosofia, nos devolve uma advertência atualíssima: a insensibilidade não surge de repente, ela é construída, ato após ato. E cada escolha — de endurecer ou de abrir o coração — é decisiva para o destino de um indivíduo, de um governante ou de uma nação.

Os Verdadeiros Valores de Israel

A narrativa das dez pragas que assolaram o Egito estimulou a imaginação de escritores e leitores ao longo dos séculos. Entre eles, não faltaram os próprios autores e editores bíblicos do livro de *Shemot*, que dedicaram sete capítulos inteiros a essa saga — de fato, o episódio dramático mais longo de todo o TaNaKh.

No entanto, quanto mais atentamente se examina o texto, mais atenuada a cena parece. Os sinais e maravilhas ocultam destruição e sofrimento — merecidos e imerecidos — poderia-se argumentar um excesso de devastação.

O ato libertador é apresentado como violento. Todo o Egito sofre com pragas que atingem não apenas os egípcios, mas também os israelitas que ali viviam.

Como o significado das pragas é teológico, a pergunta natural é: o que isso nos revela sobre o Deus de Israel?

Curiosamente, o livro de *Devarim* 6:22 passa em silêncio pelas dez pragas que ocupam tantos capítulos do *Shemot*. Em vez disso, resume tudo a uma simples menção a 'sinais e prodígios, grandes e terríveis, contra o Egito.' Os profetas vão ainda mais longe: ignoram completamente essa tradição. O que emerge daí é revelador — a própria Bíblia já começa a atenuar um episódio que, mais do que libertação, carregava consigo a marca da devastação.

Em resumo, o quadro que emerge do próprio TaNaKh é o de uma "atenuação", em que a tradição das pragas foi relegada a um papel secundário, reelaborada de forma crítica ou mesmo ignorada.

Essa crítica teológica necessária desenvolveu-se justamente para não contradizer os verdadeiros valores de Israel.

Compreendendo que o propósito das pragas não era o dano físico aos egípcios, mas sim a profanação simbólica de seus muitos deuses — o sangue que macula o Nilo, divindade egípcia; os gafanhotos que profanam o deus do milho, e assim por diante — gerações posteriores de escritores bíblicos suavizaram a imaginação interpretativa de seus predecessores.

Prova dessa tendência encontra-se no *Yalkut Shimoni*, compilação do século XIII de antigos comentários rabínicos, que afirma:

"Três referências à alegria são encontradas (no Pentateuco) sobre a festa de Sucot. No entanto, não há nenhuma referência semelhante sobre a Páscoa.

Por quê?

Porque essa época do ano foi marcada pela morte de muitos egípcios. (Quando Israel saiu da escravidão, muitos egípcios morreram durante as pragas.)

Assim é nossa prática: durante os sete dias de Sucot recitamos a oração do *Hallel* (louvor jubiloso ao Senhor), mas na Páscoa recitamos o *Hallel* completo apenas no primeiro dia.

Por quê? Por causa do versículo: '*Não te alegres com a queda do teu inimigo, nem exulte o teu coração quando ele tropeçar*' (*Provérbios* 24:17)."

As Dez Pragas

Um detalhe importante — e muitas vezes negligenciado — na leitura das "Dez Pragas" no Egito (*Shemot* 7:8–10:29) é que tomamos conhecimento dos eventos através de constantes introduções como:

"*E o Senhor disse a Moisés…*" (*Shemot 7:1);*

"E Moisés e Aarão fizeram assim; como o Senhor lhes ordenara, assim fizeram" (v.6);
"E Moisés tinha oitenta anos, e Aarão oitenta e três, quando falaram a Faraó" (v.7);
"E o Senhor falou a Moisés e a Aarão, dizendo…" (v.8).

É evidente que alguém além dos protagonistas está narrando os acontecimentos.

Como, na época do êxodo, "nem as condições culturais nem as materiais favoreciam o desenvolvimento de uma cultura escrita", é altamente provável que esses eventos não tenham sido registrados em seu tempo, mas apenas muito mais tarde. O que temos, portanto, não é tanto o evento em si, mas a percepção do escritor — ou a memória coletiva da comunidade.

Em outras palavras, lemos sobre as Dez Pragas através da interpretação do "repórter".

Os narradores que contaram a história da libertação do Egito no estilo épico dos capítulos 7 a 14 de *Shemot* lidavam com eventos históricos, mas seu método era muito diferente do cronista ou do historiador científico moderno. Para transmitir o sentido essencial dos acontecimentos, pintaram sua história com traços ousados. Usaram a hipérbole para destacar o ponto central, assim como hoje sublinhamos ou colocamos em itálico.

Os autores bíblicos não compartilhavam a concepção moderna de leis autônomas da natureza. Tudo o que os israelitas sabiam era que Deus havia feito aquilo. Como ele o fizera era secundário.

Havia algo miraculoso na praga dos gafanhotos, ou era semelhante às pragas que ocasionalmente assolam o Oriente Médio? Para um israelita antigo, toda praga de gafanhotos seria obra de Deus. Ele não dividia as obras divinas em duas categorias: "dentro da ordem da natureza" e "fora da ordem da natureza."

Assim, a narrativa bíblica não responde à questão moderna — natural ou miraculoso? Ela simplesmente afirma: Deus fez isso para libertar Israel.

Como escreve Jonathan Kirsch:

> *"Toda a especulação sobre as causas naturais das Dez Pragas e de outros prodígios bíblicos perde de vista o ponto central que os autores bíblicos pretendiam transmitir. Os milagres narrados na Bíblia deveriam impressionar o leitor como milagrosos. Mesmo que fenômenos naturais possam estar na origem das pragas, foi a teologia — e não a história natural — que intrigou os autores bíblicos e os inspirou a contar a história como contaram."*

Bo - Shemot 10:1-13:16

Quando a não-resposta é a resposta

> *E o Senhor disse a Moisés: Vai a Faraó, porque endureci o seu coração e o coração dos seus servos, para que eu possa manifestar estes meus sinais no meio deles; (1)...*
> *E Moisés e Aarão foram a Faraó, e lhe disseram: "Assim diz o Senhor, o Deus dos Hebreus: Até quando recusarás humilhar-te diante de Mim? Deixa o meu povo ir, para que me sirva" (3)...*
> *Mas o Senhor endureceu o coração de Faraó, e ele não deixou os filhos de Israel partirem. (20)*

O sentido destes versículos do capítulo 10 do livro do *Shemot* é desconcertante por causa de sua contradição. Faraó não consegue receber a mensagem que lhe é transmitida porque o mesmo Deus que lhe pede para ceder está, ao mesmo tempo, interferindo em seu íntimo de tal forma que, mesmo que quisesse, não poderia ter obedecido.

Isto não apenas nega a autonomia humana — a liberdade humana — como parece ir contra a própria natureza de Deus, que supostamente deveria querer apenas o bem da humanidade.

A Torá não pretende ensinar filosofia. Escrita muito antes do surgimento do pensamento grego, dirige-se a todo o povo em linguagem simples. Para o israelita antigo, todo acontecimento era atribuído diretamente à vontade de Deus, considerado a "causa de todas as causas."

Todo acontecimento tem uma série de causas, e essas causas, por sua vez, têm outras causas, e assim por diante ad infinitum; segundo a concepção israelita, a causa de todas as causas era a vontade de Deus, o Criador e Governante do mundo. Assim, o contraste entre livre-arbítrio e predestinação não era visto como um problema.

Embora o acima seja em grande medida verdadeiro quando se considera a questão por certos ângulos, todo o TaNaKh continua sendo uma prova viva de que o antigo Israel estava profundamente consciente das questões difíceis da vida.

A questão levantada pelo "endurecimento do coração" de Faraó é: até que ponto alguém é responsável por aquilo que é, e até que ponto tem capacidade de mudar quem ele ou ela é.

"Os autores sagrados", observa o comentarista bíblico James Plastara, "não tentaram responder a essas questões na narrativa do Êxodo." O mérito deles está no fato de que "delimitaram claramente o problema."

O TaNaKh é, em grande medida, o resultado cumulativo de pessoas que faziam perguntas sobre identidade e sobrevivência — perguntas que são universais.

Grande parte do que torna o TaNaKh resistente à passagem do tempo é que, ao mesmo tempo em que reconheceu a atemporalidade das questões que abordava, estava plenamente consciente da transitoriedade de todas as respostas. Evitou certamente a armadilha ideológica (ou dogmática) na qual invariavelmente caem aqueles que não leem as Escrituras de maneira crítica.

Um dos fracassos da educação bíblica nas escolas — religiosas e não religiosas — é "fabricar" respostas onde não há nenhuma, em vez de abrir uma conversa, que é exatamente o que o texto implora.

Um incidente em uma pequena tribo do Oriente Médio

O que realmente aconteceu naquela noite, naquele dia há centenas e centenas de anos, quando o Livro do *Shemot* nos diz que

> *"Faraó levantou-se de noite, ele, e todos os seus servos, e todos os egípcios; e houve um grande clamor no Egito... E chamou Moisés e Arão de noite e disse: Levantai-vos, saí do meio do meu povo, tanto vós como os filhos de Israel; e ide, servi ao Senhor, como tendes dito. Levai os vossos rebanhos e as vossas manadas, como tendes dito, e ide; e abençoai-me também a mim".*

"O que realmente aconteceu? Nós não sabemos. Temos apenas esta história, escrita no Livro do *Shemot*, séculos depois dos acontecimentos que ele descreve.

Moisés e os profetas que vieram depois dele não se limitavam a registrar fatos, como quem entrega um relatório histórico. Não diziam apenas: "Foi assim que aconteceu, tire você mesmo as conclusões." Pelo contrário, buscavam compartilhar sua própria leitura e experiência dos acontecimentos, oferecendo ao povo não só informação, mas também interpretação e sentido.

Essa dimensão interpretativa, eleva a pergunta: teria o Êxodo sido um fato histórico? Alguns sustentam que se trata de uma "memória fechada", transmitida apenas pela tradição.

Mas assim, por que inventar uma narrativa que assume o peso da escravidão no Egito se não houvesse, pelo menos, algum fundo de realidade?

O rabino ortodoxo moderno Irving Greenberg enquadra toda a questão a partir de uma perspectiva que aponta para fatos reais:

> *"A um nível, este é um incidente muito específico na história particular de uma pequena tribo do Médio Oriente. O evento inteiro foi tão obscuro na época que nenhum registro independente da libertação existe fora da crônica deste povo.*
> *Acontece, porém, que este povo, trazido à existência por este evento em particular, foi de transformar a consciência humana. E a sua crônica acabou sendo o TaNaKh, o livro mais influente da história humana".*

Beshalach - *Shemo*t 13:17-17:16

Uma conversa sobre milagres

Quando se fala do Êxodo do Egito, a primeira coisa que vem à mente é o "milagre": a abertura do mar que permitiu aos filhos de Israel atravessarem em terra seca.

O senso comum chama de milagres esses tipos de aparentes intervenções na ordem natural — eventos que interrompem a cadeia de causa e efeito. E, embora o TaNaKh relate claramente que algo inesperado aconteceu no "Mar de Juncos", não fala em milagre. Sua preocupação não é tanto com *o que* aconteceu, mas com a reação que o acontecimento pretendia provocar.

Para o TaNaKh, o "maravilhoso" — a palavra que utiliza para o imprevisto positivo — é um sinal destinado a chamar a atenção para além do que está sendo visto ou experimentado.

A libertação no mar foi realizada por uma combinação do maravilhoso e do ordinário. Moisés ergueu sua vara, um vento forte soprou a noite inteira e revelou o leito do mar; as águas se ergueram como muralhas, mas foram o barro e a lama que prenderam os carros de guerra egípcios.

Jamais houve um momento em que o acontecimento fosse entendido apenas como algo ordinário, nem houve um momento em que o sobrenatural absorvesse o natural. Mas Israel viu a poderosa mão de Deus atuando tanto no ordinário quanto no maravilhoso.

Para Israel, não existem assuntos "comuns"; nada no mundo é banal; não há garantias — tudo suplica para não ser tomado como dado. Esse reconhecimento se expressa no sentimento de gratidão, tradicionalmente expresso ao se curvar, ao dobrar o joelho.

A palavra hebraica para joelho é *"berech"*, e dela vem *"berachá,"* traduzida de forma imperfeita como "bênção". Cada despertar pela manhã, cada pedaço de alimento ingerido, leva o judeu a pronunciar uma *berachá*. Cada passagem da vida — do nascimento à morte — cada recuperação de doença ou acidente, leva o judeu a pronunciar uma *berachá*.

Como lembrou o pensador Yeshayahu Leibowitz

"Os judeus não mantêm sua fé por causa dos milagres que experimentam. É a sua fé que os leva a interpretar a vida como milagrosa."

A Murmuração

Até o capítulo 15, *Shemot,* tem procurado explicar as circunstâncias dos acontecimentos históricos guardados na memória coletiva de Israel, recorrendo aos conceitos de causalidade disponíveis em sua época. A causalidade divina é, portanto, fundamental para explicar não apenas os eventos naturais, mas também o comportamento humano.

Uma vez fora do Egito, porém, a narrativa muda de rumo de forma abrupta — e, portanto, surpreendente: a realidade que é o ser humano não pode ser simplesmente explicada.

A "murmuração" do povo, introduzida pela primeira vez em *Shemot* 15:24 e estendendo-se até o capítulo 17:7, sendo retomada nos livros de *Bamidba*r (Números), retrata uma cena demasiadamente humana, fácil de reconhecer. Durante quarenta anos de ziguezagues pelo deserto, um descontentamento recorrente — uma "murmuração", como os livros a denominam — caracteriza Israel.

Em Massá e Meribá, no deserto, o povo confronta Moisés:

> *"Por que nos fizeste subir do Egito, para nos matares de sede, a nós, nossos filhos e nosso gado?" (Shemot 17:3)*
> *"Por que o Senhor nos traz a esta terra, para cairmos à espada?" (Bamidbar 14:3)*
> *"Por que trouxestes a congregação do Senhor a este deserto, para que morramos aqui, nós e o nosso gado? E por que nos fizestes subir do Egito, para nos trazer a este lugar mau?" (Bamidbar 20:4-5)*
> *"Por que nos fizestes subir do Egito, para morrermos neste deserto?" (Bamidbar 21:5)*

Em algumas ocasiões, a reclamação surge de uma necessidade genuína — seja de comida ou de água. Mas são aquelas ocasiões em que falta justificativa que a Torah utiliza para explicar desenvolvimentos posteriores da história de Israel.

O autor de *Devarim (*Deuteronômio,) por exemplo, após observar: *"Tendes sido rebeldes contra o Senhor desde o dia em que vos conheci"* (*Devarim* 9:24), afirma que foi isso que causou o fracasso de Israel em possuir a terra. Mais tarde, o profeta *Ezequiel* amplia ainda mais o caráter rebelde para explicar a causa do exílio babilônico e de outros desastres.

É notável que a escolha para a história fundacional de uma nação seja um relato de seres humanos fracassando justamente numa ocasião em que tudo apontava para sua elevação. Este, porém, é um dos principais motivos pelos quais o TaNaKh, como literatura fundacional, é uma leitura tão poderosa. Parece estar nos dizendo que há muito mais a aprender com os erros do passado do que com sua glorificação.

Assim, o Salmo 95 nos adverte sobre o tema:

"Não endureçais o coração, como em Meribá, como no dia de Massá no deserto." (v. 8)

Acumular além do necessário não dura

O capítulo 16 de *Shemot* resume algumas das principais tensões dos 40 anos de jornada no deserto. Os desafios de sobrevivência eram imensos: tratava-se de uma comunidade heterogênea, pouco familiarizada com a vida nômade e despreparada para enfrentar a escassez. O alimento rareava, e o povo teve de aprender a viver de maneira improvisada.

É nesse contexto que aparece o "pão do céu" (v. 4). Não se trata de alimento convencional, fruto da terra, mas de uma substância que vinha de cima, como a chuva. Conhecida ainda hoje no deserto do sul, o *maná* é uma secreção de insetos que se alimentam das folhas da tamargueira (*tamarix mannifera*). Recolhido, é usado como alimento — mais líquido que sólido, capaz de aliviar fome e sede, descrito pelo TaNaKh como tendo sabor delicado, "como bolachas de mel".

No início, os israelitas não sabiam o que fazer com aqueles flocos espalhados pelo chão. A pergunta em hebraico arcaico — *"man hu?"* ("o que é isso?") — deu nome ao fenômeno: *maná*.

Fosse ou não um milagre no sentido teológico estrito, os israelitas viam o maná como algo enviado por Deus. A narrativa, portanto, não pretende apenas registrar um fato extraordinário, mas extrair dele uma lição.

O maná enuncia uma afirmação radical: "não falta". Mais do que isso, introduz um princípio que se tornaria universalmente famoso: a cada um segundo as suas necessidades. O deserto — terra sem dono e sem gestão — é apresentado como espaço onde carne e pão ainda assim podem ser dados.

Mas a dádiva vem com duas condições:

1. Cada um deve recolher apenas o necessário;
2. Nada deve ser guardado para o dia seguinte.

A mensagem é clara: o alimento é graça, não propriedade. Acumular é negar sua natureza. Ganância e entesouramento não são soluções à vulnerabilidade, mas tentativas de controlar o incontrolável. O resultado é amargura: o que é guardado além do necessário apodrece.

O eco desse ensinamento de mais de 3 mil anos ressoa ainda hoje. Em 2015, a ONG Oxfam alertava que, mantendo-se as tendências, já em 2016 o 1% mais rico do planeta controlaria mais da metade da riqueza mundial. De fato, esse 1% já possuía 48%, enquanto 80% da população detinha apenas 5,5%.

O antigo conto do maná, afinal, pode soar menos distante do que parece.

Jetro - *Shemot* 18:1-20:23

A Metáfora da Nesher

Quando o TaNaKh — a Literatura Fundacional de Israel — quis explicar como Israel deveria adquirir as ferramentas necessárias para desempenhar o papel que lhe fora atribuído no mundo, recorreu a uma metáfora.

Impressionadas com a majestade da ave mais imponente da Terra Santa em seu voo e na solicitude como mãe, as Escrituras Hebraicas voltam repetidamente a comparar o desenvolvimento de Israel ao *nesher* (águia).

> *"...vos levei sobre asas de águias e vos trouxe a mim." (Shemot 19:4)*

Essa ave, sempre visível nas montanhas e planícies de Israel, agita o ninho e paira sobre ele para ensinar seus filhotes a voar. "Espalha as asas sobre os ninhos, toma um dos filhotes, o tímido ou cansado, e o leva sobre suas penas até que finalmente ouse voar sozinho e seguir o pai em seus giros no céu. Se tropeçam, ele mergulha sob eles e os sustenta com suas asas fortes."

> *"Como a águia desperta seu ninho,*
> *Descendo sobre seus filhotes,*
> *Assim, Ele estendeu Suas asas e o tomou,*
> *Levando-o sobre Suas penas." (Devarim 32:11)*

É assim que o *Devarim* descreve a maneira como Deus conduziu Israel em segurança pelo deserto.

O profeta Isaías retoma a imagem:

"Até os jovens se cansam e ficam exaustos,
E os moços tropeçam e caem,
Mas os que esperam no Senhor renovam suas
forças.
Voam alto como águias,
Correm e não se cansam,
Caminham e não desfalecem." (Isa. 40:30-31)

O "discurso da águia" de Moisés em *Devarim* 19 oferece uma imagem de crescimento e amadurecimento essencial para entender o que Israel quer dizer com "aliança": o que recebe e, portanto, o que deve em contrapartida.

Se as metáforas são ferramentas do pensamento, pode-se dizer que, ao longo da história, o judaísmo é o *nesher* que conduz Israel em segurança pelo "deserto", como a majestosa ave que ensina seus filhotes a voar, amparando-os quando se cansam ou caem.

Nas palavras de Rashbam: "Para o voo aéreo não existem obstáculos."

Os "Dez Mandamentos," as "Dez Palavras."

Os dezesseis versículos de *Shemot* 20:2-17 (*Devarim* 5:6-21) talvez constituam a passagem mais conhecida de toda a literatura fundacional de Israel. Sua força ultrapassa o âmbito religioso e alcança também os debates políticos e sociais contemporâneos. Parte de seu apelo reside em poderem ser vistos como um verdadeiro 'atalho ético': 'Não sou religioso, mas sigo esses princípios.'

O TaNaKh, porém, os denomina *aseret ha-devarim* — 'as dez palavras' — (*Shemot* 34:28; *Devarim* 4:3; 10:4). Nunca chamados de 'lei', mas simplesmente de 'palavras', foram lidos, meditados e memorizados mais do que qualquer outra passagem das Escrituras. Ao longo da tradição, foram descritos como 'um resumo da aliança', 'a formulação bíblica mais fundamental da lei' e 'a base da tradição judaico-cristã'.

Ainda hoje permanecem como o código moral mais célebre do mundo, com ênfase na santidade da vida, na integridade da família, no respeito à verdade e à propriedade. Essas palavras, como tantas outras no TaNaKh, não apenas descrevem a realidade, mas indicam como ela deve ser ordenada para que o mundo continue a existir."

Por isso, as *Dez Palavras* não devem ser lidas como um código penal, mas como ensinamentos — diretrizes para a vida em sociedade.

Como destaca Jonathan Sacks:

> *eles são a pedagogia de uma sociedade decente.*

Honrar pai e mãe

> *"Honra teu pai e tua mãe, para que se prolonguem os teus dias na terra que o Senhor teu Deus te dá."*

O simples fato de essa ordem precisar ser mencionada já indica que há distinção entre gerar e educar. Ser pai ou mãe não é apenas biologia, mas uma função que exige compromisso.

Os rabinos Byron L. Sherwin e Seymour Cohen ilustraram o peso dessa função com ironia: se fosse publicado um anúncio de "procura-se" para pais, os candidatos deveriam ter sabedoria, experiência comprovada, dedicação integral por pelo menos 18 anos, e aceitar remuneração financeira insignificante.

Mesmo assim, não há garantias. Os primeiros pais da tradição, Adão e Eva, criaram dois filhos no melhor dos cenários possíveis, e ainda assim um assassinou o outro. O sábio Simeão bar Iohai dizia que o mandamento mais difícil não é para os pais cuidarem dos filhos, mas para os filhos não desonrarem pai e mãe.

Para a Torá, honrar é um padrão de conduta, não um sentimento. A honra é a conduta devida a alguém em virtude de sua posição.

A verdadeira força de uma nação não se mede apenas por seu poder militar ou riqueza material, mas pela solidez de suas instituições e pela dignidade da vida de seus cidadãos. Nesse sentido, as 'Dez Palavras' oferecem mais do que preceitos religiosos: nelas está inscrito o reconhecimento de instituições fundamentais — como a paternidade, presente em todas as culturas humanas — e a exigência de que sejam não apenas preservadas, mas honradas como pilares da ordem moral e social.

Não matarás

As palavras, fora do contexto, tornam-se semânticas. O sexto mandamento, "Não matarás", é um exemplo. Cada cultura possui diferentes palavras para o ato de tirar a vida de alguém: matar, assassinar, homicídio, guerra, legítima defesa, pena de morte, linchamento, eutanásia, infanticídio, gerontocídio. Em todos esses casos, alguém é morto, mas os atos são diferenciados pela sua intenção.

O verbo hebraico usado em *Shemot* 20:13 para "matar" é *ratzaj*, que aparece 45 vezes na Bíblia e carrega sempre a conotação de violência intencional e maldosa. Assim, distingue-se matar em guerra, em legítima defesa ou em execução judicial, de assassinato.

O biólogo evolucionista Marc Hauser observa que os humanos possuem uma espécie de "barômetro mental" que distingue matar como meio e matar como efeito colateral. Nesse sentido, a proibição é precisa: condena o assassinato.

Isso não elimina as zonas cinzentas. Como nota Jared Diamond, "em algum ponto da escala entre bactérias e humanos, temos de decidir quando matar se torna assassinato e quando comer se torna canibalismo." O TaNaKh não ignora essa realidade: regula, mas não proíbe totalmente a morte em guerra ou em juízo.

Por que "cobiça", e não "ciúme" ou "inveja"?

Embora palavras como "ciúme" e "inveja" sejam regularmente encontradas em conversas normais, a palavra "cobiça" [hebraico = *tahmod*] é raramente ouvida. Quanta consciência temos da diferença e por que ela foi escolhida pelo TaNaKh para estar no nível de crimes como roubo e até mesmo assassinato?

Não só isso, entre as dez "palavras" no livro de *Shemot,* capítulo 20 , é a única "não" que é mencionada duas vezes:

"Não cobiçarás a casa do teu próximo; não cobiçarás a mulher do teu próximo ... nem coisa alguma do teu próximo. "

Segundo a tradição judaica posterior, *"Não cobiçarás"* foi intencionalmente colocada última para dramatizar sua importância: quem viola esta prescrição é considerado como se tivesse violado as outras dez.

O professor de filosofia e ex-presidente da Universidade de Haifa, Aaron Ben-Ze'ev nos diz que a diferença entre a cobiça e a inveja, é que:

"Cobiçar tem que se preocupar com ter alguma coisa; a inveja é se preocupar com alguém que tem alguma coisa. "

Embora a inveja e o ciúme sejam ligados pelo desejo de ter algo, eles diferem na relação com a coisa: na inveja se quer ganhá-lo e no ciúme não o perder.

O medo de perder algo que se tem é, naturalmente, muito diferente do desejo de ganhar algo que nunca tinha tido. De fato, é mais difícil perder do que não ganhar.

"Se o ciúme pode levar a medidas construtivas que melhoram o relacionamento com o parceiro em vez de medidas destrutivas que impedem o companheiro de formar outros relacionamentos", diz o professor Ben-Ze'ev, "em seguida, o ciúme pode jogar um papel moral positivo."

Apesar de vistos negativamente, tanto o ciúme quanto a inveja podem ter funções positivas. O ciúme pode fortalecer vínculos quando leva a atitudes construtivas, e a inveja pode impulsionar o auto aperfeiçoamento, desde que não prejudique ninguém. Eliminar totalmente esses sentimentos seria até prejudicial, pois a comparação faz parte da vida humana.

Mas, o que dizer sobre a cobiça? Este é um desejo irracional de possuir aquilo a que não tem direito, ou o que pertence a outro.

Ao contrário da inveja, a cobiça não é baseada na percepção de que se está em uma posição mais baixa e o desejo natural de mudar isso. Ao contrário de ciúme, cobiça não inclui o desejo de manter um certo tipo de relações pessoais que valorizamos.

Em resumo, em contraste com a inveja e o ciúme, a cobiça não pode ser justificada citando as complexidades e sutilezas das relações humanas; é aqui, em vez disso, uma espécie de deficiência psicológica.

Todos os povos reconhecem que é proibido assassinar ou roubar; mas, o proibido aqui é outra coisa: O proibido aqui é o desejo.

Por definição, "desejo" é uma palavra que abrange as forças corporais sobre as quais nem sempre temos controle suficiente. Em geral, os desejos podem ser redirecionados, como no caso da inveja e ciúme, transformando-os em algo benéfico.

Os pensamentos cobiçosos, no entanto, são tão viles e corrosivos que só a internalização de um código poderoso como as "Dez Palavras" pode controlar.

Ao colocar a tônica sobre os pensamentos de um, a tradição de Israel diz que "um não é apenas o que um faz, mas também o que sente e o que contempla a fazer."

Mishpatim - *Shemot* 21:1-24:18

A partir das "Dez Palavras" (os Dez Mandamentos), no capítulo 20, o Livro do *Shemot* muda de tema. Até aqui, o assunto era a saída do Egito.

Os capítulos 21 a 23 formam, em especial, um código de regras (*mishpatim*, em hebraico) cuja principal preocupação são os direitos e as necessidades dos mais fracos da sociedade.

O que caracteriza essas normas é a busca rigorosa por tratamento igual: bem por bem, mal por mal, cada um recebendo o que lhe é devido.

Na prática, porém, a aplicação desses princípios não é simples. Toda sociedade precisa se perguntar, repetidas vezes, se todos os bens e todos os males são realmente iguais.

No antigo Israel, a moralidade de uma ação era medida pelo quanto ela estava de acordo com os valores e máximas da comunidade.

Onde se lê "quem mata deve morrer" como um mandamento direto da pena de morte, toda uma série de princípios atenua — e até contradiz — essa regra geral e abstrata.

A pena de morte reflete a concepção do que ameaça a estrutura social. É a expressão do que se considera essencial para a estabilidade, a vitalidade e a continuidade de uma sociedade ordenada.

Na prática, a tradição interpretou "quem mata deve morrer" como: "ele normalmente deveria ser executado, mas não é, porque...".

O TaNaKh distingue claramente entre "morte acidental" (homicídio culposo) e assassinato deliberado, como emboscar a vítima, atacá-la em fúria ou matar de forma traiçoeira. Embora ambos sejam mortes, a premeditação é uma coisa, o acidente é outra.

Fiel à ideia de que justiça (*tzedek*, em hebraico) significa agir em solidariedade e lealdade aos valores da comunidade, atos como sequestrar ou amaldiçoar os próprios pais são tratados como homicídio. Contudo, não há registros de alguém que tenha realmente sido condenado à morte por amaldiçoar seus pais.

As leis bíblicas eram, em sua maioria, declarações de princípios ou ideais de comportamento que se considerava desejável. Quem lê as leis de pena de morte de forma literal terá dificuldades em encontrar casos concretos de aplicação.

Mas, em sintonia com o verdadeiro espírito judaico, até mesmo o que o inimigo acredita merece certa compreensão. E, embora seja verdade que "compreender é perdoar", perdoar não significa escapar do castigo.

Como Israel vê o mundo e vê a si mesma

Rapidamente, liste três palavras que imediatamente vêm à mente quando você ouve a palavra "poder".

Em seguida, responda à pergunta:

Você já se sentiu poderoso? Foi à custa de alguém?

Para a maioria das pessoas, palavras que vêm à mente quando se pensa em poder muitas vezes giram em torno do *controle* e *dominação*, como algo que se obtém em detrimento de outro.

Quando o poder é concebido dessa maneira, diz o filósofo judeu Martin Buber, está menos preocupado com o ser poderoso do que com ser "mais poderoso do que". Para alguns, este desejo funciona como um substituto para o sentido da vida.

A lei moral de Israel, comprometida como é em dar sentido à vida, nunca é violada mais do que quando alguém se aproveita do mais fraco. O núcleo desta posição judaica é enunciado no livro do *Shemot*, capítulo 22, versículos 20 e 21.

> *O estrangeiro não afligirás, nem o oprimirás; ... A nenhuma viúva nem órfão afligireis.*

E em *Devarim (Deuteronômio)* capítulo 10, versículo 19, adiciona:

> *Amareis o estrangeiro ...*

Surpreendentemente, no entanto, a aplicação do não aproveitamento dos membros mais vulneráveis da sociedade é deixada à consciência individual, e não para as instituições.

Isto porque, para que esses mandamentos tenham pleno efeito, devem ser compreendidos como algo além da simples justiça social. No judaísmo, representam, de fato, o exemplo clássico que define o projeto de Israel em relação a toda a humanidade.

Internalizando a memória da escravidão no Egito, Israel constrói um escudo protetor contra a tentação de traduzir o significado da vida em senhorio e domínio. A regra mnemônica, repetida cerca de trinta e seis vezes ao longo da Literatura Fundacional de Israel, mais do que qualquer outra mitzvah, é:

> *O estrangeiro não afligirás, nem o oprimirás; pois estrangeiros fostes na terra do Egito.*

Poucas regras enunciam com tanta clareza a essência da visão do mundo e de si mesma de Israel. Seu imperativo não se baseia em autoridade ou revelação, mas é baseado na experiência histórica que faz parte da tradição de Israel.

O Livro da Aliança

No capítulo 24, versículo 7, lemos: *"Então [Moisés] tomou o livro da aliança e o leu em voz alta para o povo."*

Mas o que significa "Livro da Aliança" (*Sefer ha-Brit*, em hebraico)? Será que existe um "livro dentro do livro do *Shemot*"? E, se sim, qual seria esse *Sefer ha-Brit*?

O próprio contexto deixa claro: o "Livro da Aliança" só pode se referir ao que está escrito entre os capítulos 20:22 e 23:33 do livro de *Shemot*. Esses três capítulos são conhecidos pelos estudiosos como "Livro da Aliança" ou "Código da Aliança."

Entre *Shemot* 20 e 23 encontramos um código singular: leis religiosas, éticas, civis e criminais reunidas em um só compêndio. Diferente de outros códigos antigos, ele se destaca pela busca de justiça igual para todos — sem distinção entre nobres e comuns.

Considerada a lei escrita mais antiga de Israel, marca o nascimento do direito israelita.

O capítulo 21 começa com a frase: *"Estas são as normas (hebraico = Mishpatim) que colocarás diante deles."*

Essas normas (*Mishpatim*) pertencem ao campo coercitivo do Estado, sendo aplicadas pelos tribunais.

Já a segunda parte do Livro da Aliança, a partir do *Shemot* 22:17, tem outra natureza: apresenta "mandamentos" (*devarim*), padrões normativos de conduta humana impostos por uma vontade divina transcendente. Diferentemente das normas anteriores, sua aplicação não depende das instituições políticas, mas da consciência individual.

Este modelo de "leis de sabedoria" assume que os conflitos devem ser resolvidos, sempre que possível, sem intervenção de terceiros, mas à luz de regras costumeiras transmitidas oralmente, em forma de narrativas exemplares.

Como toda coletânea legal da literatura fundacional, o *Livro da Aliança* nasceu da fusão de muitas fontes: tradições tribais dos nômades, leis das cidades cananeias, regras dos santuários, decretos reais e a cultura jurídica do antigo Oriente Próximo.

Uma diferença essencial, por exemplo, com o *Código de Hamurábi*, uma das mais antigas coleções de leis escritas conhecidas da humanidade, a pena dependia da classe social da vítima.

Se alguém ferisse uma mulher grávida da classe alta (*awilum*) e ela perdesse o bebê, a indenização era de dez siclos de prata; mas se fosse da classe comum (*mushkenum*), pagava-se apenas cinco. Já a Torá não conhece distinções sociais: a justiça é igual para todos. Além disso, a punição vicária — como matar o filho do agressor em lugar do próprio culpado — era impensável em Israel e explicitamente proibida.

Se essas leis foram efetivamente aplicadas ou funcionaram mais como princípios ideais, não é possível determinar. O essencial, é que *Shemot* 21–23 define a identidade de Israel a partir das obrigações do seu pacto especial com Deus. Esse pacto é traído quando o estrangeiro, a viúva, o órfão ou o pobre são maltratados.

Terumah - *Shemot* 25:1-27:19

A Arca e o Tabernáculo

Costuma-se dizer que o judaísmo é uma religião "não teológica", ou seja, que teria pouco a dizer sobre Deus — uma realidade considerada inalcançável. Os capítulos 25 a 31 do *Shemot*, porém, mostram como essa ideia é discutível e como, na verdade, o pensamento sobre Deus evolui ao longo do tempo.

Dois objetos dominam o início da religião de Israel: a *arca* (*aron*) e o *tabernáculo (mishkan)*. São tão centrais que os primeiros cinco livros da Torá falam mais deles do que de qualquer outro tema. Alguns rabinos chegaram a dizer:

> *"Deus criou o mundo em seis dias, mas gastou quarenta instruindo Moisés sobre o mishkan."*

O *mishkan* era uma tenda-santuário, o lugar da *presença de Deus* no meio do povo no deserto. O verbo hebraico *sh-k-n* ("habitar" ou, mais literalmente, "armar a tenda") expressa essa ideia de presença. Não se trata de imaginar Deus com forma humana, mas de afirmar que o transcendente também se manifesta no mundo.

O *mishkan* servia para manter viva a experiência do Sinai. Mais tarde, quando o Templo de Jerusalém foi destruído, o mesmo verbo originou a palavra *Shekhinah* — o modo como se fala da presença de Deus mesmo sem Templo. Até hoje, convertidos ao judaísmo são recebidos "sob as asas da *Shekhinah*".

Mas a tradição nunca deixou de equilibrar *imanência e transcendência*: Deus está no mundo, mas também além dele. Assim, o tabernáculo no meio do acampamento era, o ponto focal das aspirações espirituais de Israel e da unidade das tribos, mais metáfora do que morada física.

Os profetas, porém, lembraram que Deus também "esconde o Seu rosto". Essa tensão entre presença e ausência gera o dinamismo da espiritualidade judaica.

O tabernáculo e a arca eram sinais de que Deus caminhava no centro da vida de Israel, não nas margens. Mas os profetas apontaram para algo além: Jeremias anunciou o dia em que a arca não seria mais lembrada nem substituída.

De fato, após a destruição do Templo, o judaísmo não desapareceu; ao contrário, alcançou suas maiores conquistas: a redação das Escrituras, a sobrevivência e a criatividade cultural, social e espiritual.

Isso nos lembra que o TaNaKh não é sobre um mundo estático, mas sobre a necessidade constante de reinventar respostas para os desafios da vida.

Sabedoria: saber o que fazer com o que sabemos

O primeiro ato dos israelitas após Moisés descer do Monte Sinai foi a construção do Mishkan, o Tabernáculo, o santuário portátil no deserto.

A responsabilidade dessa obra foi entregue a Bezalel e Oholiab, cujas qualificações eram:

"encheu-o do espírito de Deus, de sabedoria, de entendimento, de conhecimento e de toda habilidade artística."

É natural que um artesão deva possuir conhecimento e destreza. Mas as qualificações adicionais de Bezalel — ser "cheio do espírito de Deus", possuir "sabedoria" e "entendimento" — chamam a atenção.

Na nossa cultura, "sabedoria" não costuma ser requisito profissional. No uso comum, "sabedoria" significa apenas prudência ou bom senso — algo como dizer: "Foi sábio comprar aquele carro". Já o teólogo Thomas L. Thompson lembrava que sempre foi difícil acreditar que os homens realmente possuíssem sabedoria; quando aparece, preferimos chamá-la de "inspiração."

Faz sentido que um mestre-artesão, além de ter técnica, precise mostrar inspiração em seu trabalho. Mas, no TaNaKh, sabedoria é mais do que isso: é a capacidade de enxergar conexões e dar sentido ao que se sabe.

O poeta T. S. Eliot traduziu essa inquietação em versos célebres:

"Onde está a sabedoria que perdemos no conhecimento?
Onde está o conhecimento que perdemos na informação?"

Assim, como notaram os rabinos Byron L. Sherwin e Seymour Cohen:

"Sabedoria é a capacidade de saber o que fazer com o que sabemos."

É ela que permite ao pesquisador perceber causas e efeitos que outros não veem; ao artista, combinar sons, cores e formas que nos comovem; ao estadista, enxergar a história onde o político enxerga apenas o imediato.

Na arte religiosa, isso é ainda mais evidente: não existe "arte pela arte"; toda criação remete a algo maior. Foi esse o dom de Bezalel e Oholiab — sua "sabedoria e entendimento" — transformar técnica em expressão espiritual.

Tetzaveh - *Shemot* 27:20-30:10

O Mishkan e a Questão do Templo

Grandes seções da Torá são dedicadas à construção, ao mobiliário e ao funcionamento do *mishkan*, o templo móvel do deserto que, segundo a narrativa bíblica, teria sua continuidade no Templo de Jerusalém construído pelo rei Salomão.

O que está em jogo nesse relato não é apenas informação arquitetônica nem simples instrução ritual, mas uma questão teológica central: como compreender a participação de Deus nos assuntos humanos.

O filósofo Steven Schwarzschild observou que "talvez o problema mais fundamental de toda a teologia seja a relação entre o Deus transcendente e o mundo." Essa é precisamente a questão que o *mishkan* e, mais tarde, o Templo tentaram endereçar.

Hoje, essa discussão deixou de ser apenas "acadêmica". Em Israel existem dezenas de organizações que defendem que o Muro das Lamentações não basta, e que é necessário pensar no "verdadeiro lugar" — o Monte do Templo.

Enquanto muitos veem o tema apenas pelo prisma político — já que, desde 1967, o Monte do Templo está sob administração muçulmana e o Muro Ocidental é o espaço de culto judaico — outros destacam a dimensão teológica. A pergunta inevitável permanece: *deve o Templo ser reconstruído?* Ou, em essência: *onde está Deus?*

Há quem defenda a reconstrução baseando-se em Êxodo 25:8:

"Façam para Mim um santuário, para que Eu habite entre eles."

Por outro lado, outros estudiosos lembram que, em *II Samuel* 7:6-7, Deus afirma nunca ter pedido uma casa de cedro, pois sempre habitou em tenda e tabernáculo.

O historiador Salo W. Baron acrescenta que o Templo exerceu maior influência sobre a história judaica após sua destruição, quando se tornou memória e ideal. E Richard Elliott Friedman nota que nenhuma lei bíblica exige a existência de um Templo, apenas sacerdotes, a Arca e instrumentos sagrados.

A palavra hebraica *kadosh* ("santo", "sagrado") é central no pensamento bíblico, mas não tem definição única. Para alguns, a santidade está nos objetos e lugares consagrados; para outros, nos valores e condutas.

O rabino Mordecai Kaplan, pioneiro do judaísmo reconstrucionista, definiu o sagrado como a esfera em que o ser humano arrisca seu destino e encontra os motivos mais profundos que tornam a vida digna de ser vivida.

O "sagrado" é viver para além da sobrevivência física — é a esfera na qual os seres humanos arriscam o seu destino, muitas vezes a própria vida; a esfera na qual estão enraizadas as suas motivações mais profundas, aquelas que tornam a vida digna de ser vivida.

Ki Tisa - *Shemot* 30:11-34:35

Quem é responsável por Israel quando Israel está sendo irresponsável?

Enquanto Moisés está no Monte Sinai recebendo as tábuas com as "Dez Palavras", o povo, no vale, exige que Moisés e o Deus que os tirou do Egito sejam substituídos.

Ao construir um bezerro de ouro e mergulhar em uma festa descontrolada, testemunham sua incapacidade de cuidar do próprio bem-estar — quanto mais do futuro de seu povo.

Diante disso, o Senhor disse a Moisés:

> *"Desça depressa, pois o teu povo, que tiraste da terra do Egito, corrompeu-se."*
> *(Shemot 32:7)*

Depois de detalhar o que o povo estava fazendo, Deus acrescenta:

> *"Agora deixa-Me, para que a Minha ira se acenda contra eles e os consuma..." (v. 10)*
> *Mas Moisés suplicou ao Senhor, seu Deus, dizendo:*
> *"Por que, Senhor, se acenderia a Tua ira contra o Teu povo, que tiraste da terra do Egito com grande poder e mão forte?" (v. 11)*

Note-se: falando com Moisés, Deus chama Israel de "*teu povo*"; já Moisés, ao falar com Deus, chama Israel de "Teu povo". Daí a inevitável pergunta:

"Quem será responsável por Israel quando Israel estiver sendo irresponsável?"

Os comentaristas judeus há muito perceberam que, ao dizer "Deixa-Me... destruí-los", Deus abre a porta para que Moisés intervenha e assuma a liderança. Como o fez quando Moisés pediu para entrar na Terra Prometida.

O tema da história do *"Bezerro de Ouro"*, em *Shemot* 32, é, em última análise, a questão da liderança. Pode uma nação governar-se sem liderança? Como um líder lida com as forças autodestrutivas do povo?

Quando Deus se retira para permitir a liderança humana, o homem que antes relutava em liderar deve agir para evitar a implosão do povo e a desintegração da nação. Então:

Moisés pôs-se à entrada do acampamento e disse: "Quem for do Senhor, venha até mim!" (v. 26)

Seu primeiro ato decisivo é convidar toda a comunidade a se posicionar publicamente: de que lado estão?

A questão já não é mais se participaram ou não da idolatria, mas se estão comprometidos com o tecido moral da nação.

A pergunta que resta é: o que fazer com aqueles que permanecem "fora de controle"?

A história do Bezerro de Ouro (*Shemot* 32) vai além da idolatria: ela levanta uma questão central da política — *quando a força pode ser usada de forma legítima e por quem?* Diante dos desafios atuais do mundo, a pergunta bíblica continua viva e urgente.

Duas Visões

Shemot 33:7-11 oferece uma pista sobre a composição de muitos livros do TaNaKh. Ele também mostra que, na Literatura Fundacional de Israel, encontramos diferentes compreensões de como Deus se relaciona com os seres humanos.

No versículo 7 lemos:

> *"Moisés costumava tomar a tenda e armá-la fora do acampamento, bem longe do acampamento; e chamava-a de 'tenda da congregação'. Todo aquele que buscava o Senhor saía ao encontro da tenda da congregação, fora do acampamento."*

Essa tenda que Moisés armava fora do acampamento dos israelitas, durante os 40 anos de peregrinação no deserto antes de entrarem na Terra Prometida, é chamada em hebraico de *ohel mo'ed* ("tenda do encontro"). O termo não é raro: aparece cerca de 150 vezes no TaNaKh. Mas o fato de aqui ser chamada de a tenda, com repetição enfática do termo, sugere a intenção de diferenciá-la de outras tendas do encontro.

No quarto livro do TaNaKh, *Bamidbar* (*Números* 2,) a disposição do acampamento coloca o *ohel mo'ed* no centro. Isso contradiz o segmento de *Shemot* 33:7, que o situa fora do acampamento.

De modo semelhante, em *Bamidbar* 3:10 lemos:

> *"Designarás Arão e seus filhos para exercerem o sacerdócio; qualquer estranho que se aproximar será morto,"*

em contraste com *Shemot* 33:7, que diz:

> *"Todo aquele que buscava o Senhor saía... até a tenda do encontro."*

Bamidbar 10:34 afirma:

> *"A nuvem do Senhor estava sobre eles de dia, quando partiam do acampamento."*

Já em *Shemot* 33:9 lemos:

> *"Quando Moisés entrava na tenda, a coluna de nuvem descia e ficava à entrada, enquanto o Senhor falava com Moisés."*

Conflitos como esses — e outros semelhantes — levaram o professor Menachem Haran (Universidade Hebraica de Jerusalém) a concluir que o termo *ohel mo'ed* "abrange duas instituições distintas." Cada uma delas expressa uma concepção diferente de como Deus se relaciona com as pessoas. Mais tarde, houve um esforço (imperfeito) para unificar essas visões, como mostram as incongruências apontadas.

A teologia de Israel sempre sustentou que a presença de Deus resulta de Sua livre decisão. Por isso, é proibido recorrer a imagens para invocá-Lo. Ainda assim, permaneceu a necessidade de algum sinal visível para chamar a atenção para a presença do Deus invisível. Essa necessidade foi compreendida de forma diferente por sacerdotes e profetas, o que gerou dois símbolos da presença divina: o *mishkan* e o *ohel mo'ed*.

Como ambos são tendas, houve interesse ideológico em confundir e fundi-los em um único instrumento da presença de Deus. Mas, na realidade, o *mishkan* — o santuário portátil conhecido em latim como Tabernáculo — ficava no centro do acampamento, enquanto o *ohel mo'ed* estava fora.

A Bíblia Hebraica resulta de uma longa sucessão de coleções e revisões partidárias. Assim, o que temos não é a literatura de um só grupo, mas de muitos, reunidos por alianças, disputas e compromissos. As contradições entre — e dentro de — livros diferentes preservam a memória dessas diferenças.

Vayakhel - *Shemot* 35:1-38:20

Como nos reunimos

Shemot 35:1 nos recorda: *"Moisés reuniu (vayak-hel) toda a comunidade de Israel e disse: 'Estas são as coisas que Deus ordenou que façais.'"*

Esse instante ressoa com uma cena anterior: *"Toda a assembleia de Israel (kol ha-kahal) esteve diante de Deus e ouviu os Dez Mandamentos."* (*Devarim* 5:22).

Kahal e *kehilah* parecem querer revelar a imagem de um povo inteiro, como um só corpo, reunido diante da presença do Eterno. Mas a Torá não idealiza nem romantiza a reunião. A mesma raiz hebraica aparece em outro episódio, sombrio e inquietante: *"O povo se reuniu (vayak-hel) em torno de Aarão e disse: 'Faze-nos uma divindade que vá adiante de nós.'"* (*Shemot* 32:1).

Aqui, o ajuntamento não produz aliança, mas idolatria. A lição é clara: o simples fato de estarmos juntos não é, por si só, santo. A santidade só nasce quando o coração da comunidade se volta para fazer o bem.

O *kahal* não é tanto "a assembleia que é Israel", mas antes Israel em assembleia — capaz tanto de fidelidade como de queda.

Na Idade Média, Ramban (Nahmânides) nos lembra desse paradoxo: o mesmo povo que se ergueu unido no Sinai para ouvir a voz divina foi também o povo que se reuniu em torno do Bezerro de Ouro. Grandeza e baixeza caminham juntos, ambos brotando do poder que existe no reunir-se.

Os sábios posteriores ampliaram esse ensinamento: a santidade de uma comunidade nunca é automática. Ela depende da *kavanah* — da intenção, da orientação interior que move aqueles que se reúnem.

Os mestres hassídicos reforçaram essa compreensão: não é a reunião em si que é sagrada, mas o propósito com que nos reunimos. Uma multidão movida por medo ou egoísmo continua sendo apenas uma multidão. Mas quando as pessoas se unem em fé, devoção e responsabilidade diante do Eterno, então se forma uma verdadeira *kehilah* — um espaço vivo onde a presença divina pode habitar.

Assim, a Tora nos convida a contemplar: a santidade da comunidade não é dom automático, mas tarefa constante. Depende sempre de como nos reunimos, para quê nos reunimos, e sobretudo, diante de Quem nos reunimos.

Pequdei - *Shemot* 38:21-40:38

A proximidade sem dimensão da presença

Quando os que amamos estão fisicamente distantes de nós, não desaparecem de nossa vida. Pelo contrário: muitas vezes sua presença, no afastamento, torna-se ainda mais intensa do que quando estavam ao nosso lado. É o que o filósofo e teólogo grego Christos Yannaras, professor emérito da Universidade Panteion de Atenas, chama de "a proximidade sem dimensão da presença."

O que verdadeiramente importa na existência humana não está sujeito aos limites da percepção física.

É certo que recorremos a imagens, sons, perfumes e até às pedras silenciosas das lápides para conservar viva a lembrança dos que dão sentido e propósito à nossa vida. Mas, em última instância, o elo que nos mantém unidos a eles não pertence ao espaço, mas ao mistério do afeto.

Essa experiência — tão clara para quem já amou alguém — explica a insistência do Livro do *Shemot* na presença de um Deus que não ocupa lugar.

Os sacerdotes que guardavam o tabernáculo no deserto e, mais tarde, o Templo em Jerusalém, tinham consciência do que o teólogo Samuel Terrien descreveu como *"a presença esquiva de Deus."*

A história judaica demonstrou, com o passar dos séculos, aquilo que todo ser humano intui: a presença significativa não se reconhece com os olhos, mas com o coração que ama. Não foi o tabernáculo nem o Templo que tornaram Deus presente em Israel, mas o amor pelo que Ele representava.

Conta-se que o rabino hassídico do século XIX, Menachem Mendel de Kotzk, perguntou:

— Onde está a morada de Deus?

E respondeu:

— Deus habita onde o ser humano O deixa entrar.

Que já não exista Tabernáculo nem Templo em Jerusalém, e ainda assim o Judaísmo permaneça como força viva, é motivo de reflexão serena.

Pois o valor da TaNaKh está, em grande parte, nos muitos experimentos que terminaram em fracasso: o dilúvio, a torre de Babel, os quarenta anos no deserto, a destruição do Templo. Cada ruína, porém, abriu caminho a uma compreensão mais profunda.

Assim nos ensina a Torá: a vida humana é uma busca incessante de sentidos mais elevados, e a verdadeira presença — aquela que nos sustenta e transforma — não se mede em dimensões, mas se revela no invisível.

O Kavod

A história de Israel não nos legou uma definição cristalina de Deus, nem uma teologia sistemática no sentido clássico. O que encontramos é mais ambíguo, mais vital — uma experiência que se deixa entrever nas entrelinhas de sua literatura fundacional e na vida de um povo.

Costuma-se dizer que os judeus falam pouco de Deus. Talvez porque, no fundo, sabem que o nome d'Ele não se encerra em palavras. Falar de Deus é, ao mesmo tempo, necessário e impossível.

Por isso, quando o livro do *Shemot* (40:34) narra que

> *"a nuvem cobriu a Tenda da Reunião, e a glória do Senhor encheu o tabernáculo"*

muitos leem ali uma imagem simples, quase óbvia. Mas numa leitura mais atenta descortina-se uma das ideias mais poderosas — e também mais enigmáticas — do pensamento judaico: o *kavod*, a "glória" de Deus.

O narrador não explica o que é o *kavod*. Apenas diz que se mostra aos olhos humanos, quase sempre velada pela nuvem, sinal de uma intervenção imediata do divino no humano.

Medievalistas como Sa'adiah Gaon e Yehudah Halevi imaginaram o *kavod* como algo corpóreo, sensível, manifestação concreta da presença.

Já Maimônides viu no *kavod* a sabedoria de Deus refletida no tecido da natureza.

A última aparição do *kavod* no Templo de Salomão poderia sugerir que sua metáfora se esgotara. Mas o símbolo, teimoso, renasceu em visões apocalípticas como força cósmica, emanação da própria essência divina. No aramaico rabínico, recebeu o nome de *shekhinah* — a Presença de Deus na terra. E a cabalá, levada pela ousadia mística, fez da *shekhinah* uma face feminina de Deus, a intimidade e a imanência do sagrado.

Curiosamente, no hebraico moderno, *kavod* já não significa apenas "glória", mas também "honra", e por extensão, "dignidade." Palavras que se sucedem como estações de um mesmo trem simbólico: da glória divina ao reconhecimento humano, da honra hierárquica à dignidade igualitária.

O perigo, porém, é quando o *kavod* é sequestrado por fanatismos, transformado em justificativa para violências que contradizem o próprio espírito judaico. É nesse ponto que a ausência de reflexão teológica abre espaço para distorções.

A teologia, longe de ser coleção de dogmas, é uma conversa — às vezes hesitante, às vezes ousada — sobre como os humanos experimentam o inefável. É o esforço de dar linguagem ao indizível, sem jamais esgotá-lo. Quando esse exercício se faz dentro de parâmetros claros, o pensamento e a sensibilidade humana tocam seus limites mais altos. E talvez seja justamente aí que o *kavod* se revela: não como resposta, mas como horizonte que ilumina.

VAYIKRÁ

Vayikrá 1:1-5:26

Os ritos são instrumentos de piedade, não substitutos para a devoção autêntica

Se é verdade a observação do filósofo francês Voltaire de que "a Bíblia é mais famosa do que conhecida", então o comentário da antropóloga Mary Douglas sobre o terceiro livro da Torá confirma plenamente essa ideia. A respeito de Levítico, ela observa:

> *"Costuma ser colocado numa espécie de vitrine de vidro: pode-se olhar, respeitar, até se admirar; mas presume-se que o verdadeiro coração da religião está em outras partes da Bíblia, sobretudo em Bereshit, Êxodo e Deuteronômio, e nos escritos dos salmistas e profetas."*

À primeira vista, "Levítico" pode parecer o livro menos relevante para a vida judaica de hoje. No entanto, o tema do Templo de Jerusalém e dos sacrifícios ali oferecidos continua central no debate sobre a religião de Israel.

Uma razão pela qual o Livro de Levítico não pode ser ignorado em qualquer discussão séria sobre o Judaísmo é que o Templo e o ato de sacrificar estão gravados na própria liturgia judaica. Outra, igualmente importante, é que hoje, com a existência de um Estado soberano de Israel, não faltam grupos empenhados em reconstruir o Templo e restaurar os sacrifícios animais. Mas, acima de tudo, há uma razão ainda mais fundamental: não se pode compreender a visão judaica de Deus sem considerar a mensagem que o ritual procura transmitir. Como disse Mary Douglas:

> *"Levítico se revela como um tratado teológico em toda a acepção da palavra, plenamente inserido na tradição bíblica."*

O desafio do pensamento teológico, talvez a razão de sua relativa escassez entre os judeus, é que há sempre mais de uma forma de compreender Deus. E isso não agrada a quem pensa em termos de "ou do meu jeito ou nada".

Afinal, várias maneiras de entender Deus também significam várias maneiras de interpretar a Sua vontade.

Embora o *Vayikrá* apresente de modo quase constante uma só concepção teológica, ele permanece, para usar uma expressão contemporânea, em "tensão" com outras perspectivas presentes na própria literatura fundacional.

Os profetas anteriores ao exílio, por exemplo, parecem ter questionado a afirmação de Levítico de que os israelitas ofereciam sacrifícios no deserto. Jeremias, de forma contundente, declara:

> *"No dia em que os tirei da terra do Egito, não falei a vossos pais, nem lhes ordenei coisa alguma acerca de holocaustos e sacrifícios." (Jeremias 7:22)*

Uma negação semelhante do sacrifício no deserto aparece em *Amós* 5:25.

Porém, as palavras de Amós e Jeremias não devem ser arrancadas do contexto: seus oráculos não se dirigiam contra o culto em si, mas contra uma religiosidade exterior e mecânica. O alvo de sua crítica era a banalização do rito, a oferta sem alma.

O Rabino Jacó B. Agus reforça essa ideia:

> *"Os profetas não pediram a abolição dos ritos, como às vezes se imagina. Isaías teve sua primeira visão no Templo, Ezequiel desenhou os contornos do Templo restaurado, Ageu e Malaquias participaram da dedicação do segundo Templo. Mas os profetas ensinaram que os ritos eram instrumentos de piedade, não substitutos para a devoção autêntica."*

Assim, a crítica não elimina o sacerdócio, mas lembra o risco de transformar o sagrado em vazio formalismo.

Como expressa outro rabino, o teólogo Richard Rubenstein:

> *"Se os homens tivessem mais discernimento, não precisariam do ritual gratuito de ferir sequer um animal. Nesse fato repousa o argumento mais forte pela abolição do sacrifício. Mas o argumento não se sustenta, pois parte de uma premissa duvidosa: 'se os homens tivessem mais discernimento'..."*

Com o tempo, os sacrifícios, prática imperfeita, foram substituídos de forma cada vez mais proeminente pelo estudo. O *Talmude* narra:

*"Disse R. Aha em nome de R. Hanina b. Papa:
Para que Israel não dissesse: 'Antes oferecíamos
sacrifícios e os estudávamos; agora que não há
sacrifícios, ainda precisamos estudá-los?' O Santo,
bendito seja Ele, respondeu: 'Se vocês se dedicarem
ao estudo deles, eu o contarei como se os tivessem
oferecido.' [...] E mais: 'Se estão envolvidos com a
Mishná, é como se sacrificassem diante de Mim.'"*

O Livro de Levítico, não apenas abre espaço para a reflexão teológica e ética, como também convida a enfrentar temas humanos universais: ordem e caos, pureza e impureza, repulsa e reverência, aflição e esperança.

Como escrevem Dario Galati, Renato Miceli e Marco Tamietto em seu estudo "Emoções e sentimentos na Bíblia: análise do léxico afetivo do Pentateuco":

*"Levítico trata das regras de pureza que distinguem
o que é saudável do que é impuro, e que, por isso
mesmo, tocam as fronteiras entre o sensorial e o
moral, entre a reverência e a repulsa."*

Quando não ser considerado culpado não significa estar inocente

"Nenhum de nós", escreveu o psicólogo existencialista Rollo May, "deixa de distorcer, ao menos em parte, a realidade do seu semelhante; e ninguém cumpre plenamente as próprias potencialidades."

Muito antes de se compreenderem plenamente as implicações dessa condição humana, Israel já havia desenvolvido uma estratégia para lidar com seus sintomas: pecado, culpa, necessidade de confissão, punição e perdão.

Por mais desconcertante que possa parecer à mentalidade moderna, o meio utilizado para enfrentar esse complexo de emoções era a prática dos "sacrifícios". Mas, como apontou o rabino ortodoxo inglês Isidore Epstein, diferentemente das religiões pagãs, na religião bíblica judaica:

> *"Não são as necessidades de Deus que os sacrifícios pretendem satisfazer, mas as do homem. Eles não são concebidos como presentes a uma divindade ofendida, para aplacar sua ira ou reparar um mal feito ao próximo."*

E não se tratava apenas de abater animais: o sacrifício podia consistir em farinha, ou mesmo em dinheiro. Tal como compreendemos o termo hoje:

> *"Sacrifício" significa abrir mão de algo vital para alcançar algo considerado de maior valor.*

Assim, quando alguém havia jurado falsamente, enganado em depósitos ou garantias, cometido roubo, negado ter encontrado um objeto perdido ou se omitido em testemunhar, o capítulo 5 de *Vaykra* (*Levítico*) determinava que, após confessar sua falta, o culpado poderia buscar e obter perdão mediante a oferta pelo delito (em hebraico: *asham*).

O transgressor, consciente do sofrimento que causara e arrependido do que fizera, encontrava no *asham* um recurso para lidar com as emoções derivadas do mal — muitas vezes não intencional — praticado contra o próximo.

Em todos os casos previstos ou sugeridos pela oferta de *asham*, observa o falecido biblista e rabino conservador Jacó Milgrom, "encontramo-nos diante da situação existencial de pessoas atormentadas, dilaceradas pela consciência de seu pecado real ou presumido. Ninguém pode ajudá-las, pois sua dor só a elas é conhecida. [...] É a esses sofredores silenciosos que a lei sacerdotal traz seu bálsamo terapêutico: se a restituição prescrita nasce do arrependimento, o pecado pode ser absolvido. Já não precisam sofrer."

Há, no entanto, uma condição essencial: antes que o infrator arrependido pudesse apresentar a oferta de *asham* — que transformaria sua falta de um ato malicioso em um erro não intencional —, ele deveria, além de confessar sua culpa, restituir integralmente o prejuízo causado e acrescentar uma multa de 20%.

Como enfatiza o rabino Milgrom:

"Antes que os transgressores possam se aproximar de Deus em busca de expiação, devem primeiro reparar o dano causado às pessoas que prejudicaram. Nos assuntos de justiça civil, as pessoas têm prioridade sobre Deus — uma inovação surpreendente."

Tzav - *Vayikrá* 6:1-8:36

Gratidão: O Sacrifício que Permanece

O elaborado ritual que acompanhava o abate de animais no antigo Israel fazia com que os judeus percebessem que tirar a vida — mesmo para fins de sobrevivência — jamais poderia ser considerado um ato rotineiro. Interromper o ritmo vital de outra criatura era um privilégio que exigia reverência à fonte de toda a vida. Se tivéssemos de realizar o abate por nossas próprias mãos, também nós provavelmente o envolveríamos em cerimônias destinadas a velar sua inescapável selvageria.

Os antigos hebreus transformaram o abate em um ritual altamente refinado. A escolha criteriosa do gado, sua preparação cuidadosa, a lavagem e o descarte da gordura e do sebo, a destinação do peito e da coxa, a queima das vísceras — todos esses detalhes compunham um manual que era estudado e dominado pela classe sacerdotal.

Os sacrifícios eram meticulosamente classificados em ofertas de paz, ofertas de ação de graças e ofertas voluntárias. Os rabinos consideravam a oferta de ação de graças como a mais elevada forma de sacrifício e ensinavam que, na era messiânica, todos os sacrifícios terão cumprido sua missão, exceto aquele destinado a cultivar a gratidão. Esse, diziam, deveria permanecer para sempre.

Shemini - *Vayikrá* 9:1-11-47

Um Modo Judaico de Pensar

Vayikrá registra a história de Nadabe e Abiú — os filhos mais velhos de Aarão — que, ao se desviarem do procedimento cultual, foram consumidos pelo fogo e morreram.

> *"Ora, os filhos de Aarão, Nadabe e Abiú, tomaram cada um o seu incensário, puseram fogo nele, e sobre ele colocaram incenso; e ofereceram perante o Senhor fogo estranho, que Ele não lhes havia ordenado. Então saiu fogo de diante do Senhor e os consumiu; e morreram perante o Senhor." (Vaykrá 10:1–2)*

É difícil compreender a gravidade dessa transgressão a ponto de merecer um julgamento e uma punição tão imediatos. O relato levanta também uma série de perguntas sobre características frequentemente atribuídas a Deus, como "longânimo", "misericordioso", "perdoador" e assim por diante.

Mas, provavelmente, o que vem à mente dos leitores do século XXI é: "por que este episódio deveria nos interessar ou preocupar?" Ou, dito de modo menos cortês: "por que alguém perderia seu tempo lendo esta história?"

A resposta rápida é que essas mesmas perguntas estiveram na mente de cada geração, durante centenas de anos. E o fato de que o texto continua a ser lido significa que nele há algo de muito valioso para o judaísmo.

Talvez, o que seja valioso não sejam as respostas, mas as perguntas.

Perguntar e questionar é, em si, algo caracteristicamente judaico. A literatura judaica educa a mente a funcionar dessa maneira. Isso significa que existe um modo judaico de pensar.

Interrogar por que um evento histórico de milhares de anos atrás ainda deveria ter relevância para o judaísmo de hoje, ou questionar as qualidades atribuídas a Deus, é tão parte do exercício judaico quanto outras formas mais visíveis de viver o judaísmo.

Dito isso, ainda é necessário oferecer respostas. Compreensivelmente, cada geração de judeus produziu a sua. E, de fato, cada uma dessas respostas diz mais sobre as experiências, os entendimentos e os ideais dessa geração do que sobre as perguntas originais: o que realmente aconteceu? Por que a reação atribuída a Deus foi tão drástica e inflexível? Por que devemos nos preocupar com tudo isso?

Uma revisão completa dessas respostas seria demasiado extensa — e inevitavelmente abriria outras perguntas (o que poderia ser mais judaico do que isso?). Mas uma análise das primeiras tentativas de resposta já pode nos dar uma ideia de como o TaNaKh, a Literatura Fundacional de Israel, deve ser lido.

Embora Nadabe e Abiú sejam apresentados aqui como os filhos mais velhos de Aarão, eles aparecem em outras partes do TaNaKh onde a relação com Aarão não é mencionada. Seus nomes são praticamente idênticos aos dos dois filhos de Jeroboão, rei de Israel e fundador do culto do bezerro de Betel. Esses filhos de Jeroboão também morreram jovens, sem completar a vida natural. O texto de *Vayikrá*, então, pode ser entendido como uma polêmica velada na antiga Israel.

Esse e outros elementos levaram diversos estudiosos bíblicos a concluir que a motivação do relato, tal como aparece em *Vayikrá*, poderia ser uma interpretação dos fatos feita para proteger os interesses de seus autores e transmissores sacerdotais. Por trás da narrativa, estaria, em pano de fundo, a disputa interna entre diferentes grupos de sacerdotes — por exemplo, o grupo de Nadabe e Abiú em oposição ao de Misael e Elzafã (versículos 4–5).

Se esta, ou alguma outra consideração histórica e sociológica semelhante, estiver correta, então "Deus", aqui, está sendo usado para legitimar a ação de um grupo — e nada tem a ver com Deus em si.

Essa possibilidade se apoia no fato de que os seres humanos, com frequência, recorrem ao nome de "Deus" para justificar acontecimentos históricos que, na realidade, contradizem ideias e valores, e pouco ou nada dizem sobre Deus.

Tazria - *Vayikrá* 12:1-13:59

Pureza: Entre a Busca da Perfeição e o Perigo da Intolerância

Os conceitos de "impureza" e "pureza" são fundamentais no modo judaico de olhar o mundo. Durante mais de dezesseis séculos, desde os tempos bíblicos, as leis de pureza dominaram as práticas religiosas judaicas; de fato, quase 25% da lei talmúdica trata delas.

Ainda assim, tanto os que afirmam observar as leis rituais de pureza quanto os que as ignoram costumam acabar por deturpá-las.

De acordo com o terceiro livro da Torá, o *Vayikrá*, a oferta de purificação é prescrita como resposta a dois tipos de proibições: casos graves de impureza física e de impureza moral — definida como uma infração não intencional de proibições.

Segundo o *Vayikrá*, se a impureza é física, exige-se o banho; se a impureza é moral, uma consciência arrependida é o que remove a impureza.

Enquanto o mundo pagão empregava rituais como terapia, acreditando que fossem a contra-magia necessária para expulsar a doença, o TaNaKh negava qualquer valor terapêutico a eles. Como argumentou de forma convincente o filósofo e biblista israelense Yehezkel Kaufmann, os rituais de pureza no TaNaKh só ocorrem *depois* que a cura já aconteceu.

Com efeito, os rituais bíblicos em geral, são atos simbólicos que, em sua essência, contêm valores éticos.

Um exemplo disso pode ser encontrado no profeta Isaías que, ao dizer *"Lavai-vos, purificai-vos... cessai de fazer o mal, aprendei a fazer o bem"*, equipara a limpeza a fazer o bem, e a impureza a praticar o mal.

A impureza, no entendimento religioso do TaNaKh, é o estado de ser intrinsecamente diferente de Deus, que é íntegro. É uma imperfeição à qual todo ser humano está existencialmente condicionado e contra a qual deve lutar ao longo da vida para superá-la.

De fato, *"não há ser humano justo sobre a terra que faça sempre o bem e que nunca peque"*, como diz *Qohelet* (Eclesiastes), outro livro da Literatura Fundacional do povo judeu — e é exatamente isso o que se entende por impureza moral.

O TaNaKh não ensinava que outros seres humanos fossem impuros ou contaminadores, lembra a estudiosa da religião Karen Armstrong. As leis de santidade e impureza não foram concebidas para manter estrangeiros afastados; o estrangeiro não devia ser evitado, mas "amado". A contaminação não vinha dos inimigos, mas de si mesmo.

O perigo está em converter as práticas de pureza e limpeza, concebidas como busca da perfeição, em paradigmas que moldam a política e justificam discriminações contra coisas, ideias e pessoas. É justamente aí que estão as raízes dos "-ismos" do fundamentalismo religioso e do nacionalismo racial — ideias que contradizem de modo absoluto a compreensão bíblica de pureza e impureza.

Metzora - *Vayikrá* 14:1-15:33

Quando a Impureza Marca a Terra

Quando a Bíblia fala de "lepra", não está descrevendo o que hoje chamamos de hanseníase. A palavra hebraica *tzara'at* refere-se a uma variedade de condições que podiam aparecer na pele humana, nas roupas ou até mesmo nas paredes das casas. Mais do que um diagnóstico médico, era entendida como uma categoria ritual e simbólica.

Em *Vayikrá* 13–14, não eram médicos, mas sacerdotes que determinavam se alguém tinha *tzara'at*. Ao examinar manchas e descolorações, eles declaravam a pessoa pura ou impura. Quem era julgado impuro tinha de viver fora do acampamento até completar um ritual de purificação que envolvia água, sacrifícios e oferendas. *Tzara'at*, portanto, não era apenas um problema de pele — representava uma ruptura visível da ordem social e espiritual.

As histórias bíblicas chegam a ligar a *tzara'at* a falhas morais ou espirituais. Miriam, por exemplo, foi atingida depois de falar contra seu irmão Moisés (*Vayikrá* 12). O rei Uzias ficou coberto de lesões após tentar assumir funções sacerdotais (2 Crônicas 26). Por isso, os rabinos associaram a *tzara'at* ao *lashon hará* — a fala maldosa, a calúnia e a difamação. A pele manchada tornou-se símbolo de uma comunidade ferida por palavras destrutivas.

No seu núcleo, a *tzara'at* reflete a crença de que a vida humana permanece pura e íntegra apenas quando está em harmonia com a ordem divina. Sempre que surgiam manchas — na pele, nas roupas ou nas paredes — ali se revelava a fragilidade humana diante do sagrado.

Este capítulo de *Vayikrá* também ensina algo surpreendente.

Os versículos 40, 41 e 45 sugerem que um "lugar impuro" significa uma área específica e reconhecível, que as pessoas podiam evitar. A terra em si não é pura nem impura, santa nem profana — ela pertence a Deus. O pecado contra Deus profana a terra; a obediência a Ele a santifica.

Assim, pode-se perceber que a terra não é intrinsecamente santa. É por isso que em Levítico — e em toda a Bíblia — a terra nunca é chamada de "Terra Santa". Somente o comportamento de Israel pode tornar a terra santa ou, ao contrário, profaná-la.

Acharei Mot - *Vayikrá* 16:1-18:30

O que a Torá diz sobre a homossexualidade?

"Pergunte: *"Qual é a atitude judaica em relação à homossexualidade?"* — diz o rabino Rodney Mariner, da Sinagoga Belsize Square em Londres — "e provavelmente você será remetido a dois versículos do livro de *Vayikrá.*" De fato, na opinião da maioria dos estudiosos, *Vayikrá* 18:22 e 20:13 são os textos que, talvez mais do que quaisquer outros, moldaram as atitudes em relação às relações sexuais entre pessoas do mesmo sexo na sociedade ocidental.

Curiosamente, porém, para o rabino Steven Greenberg, formado pela Yeshiva University, "a homossexualidade — isto é, o desejo e a atividade sexual entre pessoas do mesmo sexo — não é a preocupação de *Vayikrá.*"

Em uma análise detalhada realizada em 1994 sobre a linguagem de *Vayikrá* 18:22 — que proíbe um homem de "deitar com um homem como se fosse com uma mulher; — Saul M. Olyan, professor de Estudos Judaicos e Religiosos na Universidade Brown, demonstrou como a difícil expressão *mishkebei ishah* ("os deitamentos de uma mulher") se refere ao que, em muitos sistemas legais e no uso comum, é conhecido como "sodomia".

A homossexualidade, como aponta o rabino Mariner, é, evidentemente, mais do que isso. Trata-se de uma orientação sexual, enquanto a sodomia é uma prática sexual que pode ser realizada tanto por homossexuais quanto por heterossexuais.

A visão de que esses textos se referem a um ato específico, que pode ser praticado tanto por homens homossexuais quanto heterossexuais — e não a uma metáfora da orientação homoafetiva — ganha reforço pelo fato de que os textos não demonstram qualquer interesse pelo conjunto mais amplo de desejos e atividades sexuais entre pessoas do mesmo sexo. Se fosse esse o caso, por exemplo, as relações sexuais entre mulheres também teriam sido mencionadas nesse contexto. Além disso, como observa o teólogo Jerome T. Walsh, "outras formas de encontro sexual entre homens — abrangendo toda a gama de expressões físicas de afeto que não envolvem penetração — não são contempladas por essas leis."

É verdade, como lembra David Novak, que "mesmo que se possa argumentar que a proibição original em *Vayikrá* 18:22 se aplique apenas ao ato de relação anal entre dois homens, a tradição posterior entendeu a proibição como abrangendo todos os atos sexuais entre homens." Contudo, aqui não falamos da "tradição posterior", mas do que o *TaNaKh* — a Literatura Fundacional de Israel — efetivamente diz.

Na realidade, apesar de leituras oblíquas feitas por gerações subsequentes, Lionel Blue, que estudou Semíticas na Universidade de Londres, deixa claro que "na Bíblia não há conhecimento ou discussão da homossexualidade como orientação e personalidade de uma pessoa." E, em seu livro *Judaísmo e Homossexualidade: Uma Autêntica Visão Ortodoxa*, o rabino Chaim Rapoport reafirma o entendimento de que "a Torá não expressa ódio ou intolerância em relação aos homossexuais."

Se *Vayikrá* 18:22 e 20:13 não se referem especificamente à homossexualidade, então a que questão eles estão se dirigindo?

O rabino Jacó Milgrom explica que, por exemplo, nas leis hititas e na mitologia egípcia, a sodomia "é objeto de regulamentação, mas não de interdição." Tanto no mundo antigo quanto no moderno, exércitos vitoriosos recorreram ao estupro sodomita para degradar e emascular o inimigo, "feminilizando-o." O rabino Greenberg destaca que "dada uma certa publicidade, o estupro masculino transmite, de forma brutal e gráfica, quem está no comando. A penetração anal empodera o penetrador e humilha o penetrado. Essa distinção entre parceiros ativos e passivos era uma característica cultural comum no mundo antigo."

Os dois textos legislativos de *Vayikrá* 18:22 e 20:13, possuem um escopo muito estreito e preciso. Seu objetivo, como observa o rabino Milgrom, é esclarecer a diferença entre a legislação bíblica e outras leis do Antigo Oriente: "A Bíblia não admite exceções: todos os atos de sodomia são proibidos."

Assim, nas palavras do rabino Mariner, "enquanto o Judaísmo tinha horror da sodomia — e em particular da sodomia não consensual — jamais tratou da questão da homossexualidade até tempos recentes."

Kedoshim - *Vayikrá* 19:1-20:27

Qual é a aspiração do judeu?

A religião é comumente identificada com a prática de rituais. Em Israel, os judeus ortodoxos são chamados *datim*, palavra aramaica que originalmente significa "lei." Os *datim* são aqueles que observam as leis, sobretudo as de caráter cultual.

Das regras alimentares às celebrações das festas, passando até pelo modo de vestir-se, essas leis rituais funcionam como caminhos para um mundo transcendente — um mundo que essa forma de prática religiosa entende como a "realidade última."

Todas as religiões compartilham esse traço comum: classificam a existência em dois âmbitos — o sagrado e o profano.

O "sagrado", em termos simples, significa valor absoluto, aquilo que possui dignidade incomparável. "Incomparável" aqui não quer dizer apenas excelente, mas sim o que não pode ser reduzido nem equiparado a outros bens. Algo é sagrado quando está fora e acima da ordem comum.

A santidade não é apenas uma categoria, mas um estado de espírito: uma consciência espiritual de estar conectado àquilo que confere sentido à vida, indo além da mera sobrevivência. É a esfera na qual o ser humano arrisca o próprio destino, o espaço das motivações mais profundas, onde a vida encontra seu valor.

Se o cotidiano é aquilo que usamos como meio para fins, o sagrado é um fim em si mesmo. Para o judaísmo, a santidade é o fim último ao qual o judeu deve aspirar. Uma das mais importantes expressões da Literatura Fundacional de Israel encontra-se em *Vayikrá* 19:2:

> *"Sereis santos, porque Eu, o Senhor vosso Deus, sou santo."*

É verdade que para os antigos sacerdotes — e para todos os que hoje pensam com mentalidade sacerdotal — a santidade dizia respeito, em grande parte, ao ritual: à observância meticulosa, às vezes até pedante, dos detalhes. A santidade sacerdotal estava centrada na formalidade visível.

No entanto, como escreveu o Dr. Kauffman Kohler em sua clássica obra de teologia judaica, em contraste marcante:

> *"A santidade que o judaísmo atribui a Deus denota a mais elevada pureza ética, inalcançável para a carne e o sangue, mas destinada à nossa imitação."*

Ser santo, portanto, significa que o judeu deve honrar pai e mãe, agir com honestidade, evitar a mentira, não amaldiçoar o surdo nem colocar obstáculo diante do cego, não cometer injustiças, não ser difamador, não permanecer inerte diante do sangue do próximo, não odiar, não vingar-se nem guardar rancor... mas amar o próximo como a si mesmo. Em suma, a santidade é, essencialmente, um valor ético.

Abraham J. Heschel, um dos mais importantes teólogos e filósofos judeus do século XX, observou de forma contundente:

> *"O Decálogo não contém nenhum mandamento para adorar a Deus. Ele nos diz: 'Honra teu pai e tua mãe,' mas não nos diz: 'Honra a Deus, adora-O, oferece-Lhe sacrifícios.'"*

Como o conceito de santidade surgiu em círculos sacerdotais, muitas vezes foi reduzido à função sacerdotal, como na frase "um reino de sacerdotes e uma nação santa."

Mas, trabalhar pela justiça social, cuidar dos pobres e dos fracos e amar os semelhantes — tudo isso faz parte do conceito de santidade.

A observância ritual sem moralidade torna impossível a verdadeira religião judaica. Para garantir esse entendimento, foram escritos os capítulos 17 a 26 do Livro de *Vayikrá* — o chamado Código da Santidade.

Emor - *Vayikrá* 21:1-24:23

Kidush Ha-Shem

A maneira como os seres humanos conduzem suas vidas — e, portanto, como se comportam — é determinada pela forma como interpretam as circunstâncias que os cercam e os acontecimentos que lhes ocorrem.

O judaísmo, como todas as culturas, religiões ou filosofias, oferece os conceitos e ideias com os quais os seres humanos dão sentido ao mundo em que vivem.

O que caracteriza o judaísmo, no entanto, é que todos os seus conceitos e ideias estão enraizados nos 24 livros de sua literatura fundamental: o TaNaKh. Se um conceito não se fundamenta no TaNaKh, então não é um conceito judaico.

Aqui há ampla margem para interpretação. Diferentes leituras geram diferentes formas de judaísmo. E, embora essas diferenças às vezes pareçam enormes, até mesmo intransponíveis, o que elas têm em comum é mais significativo do que aquilo que as separa.

Um exemplo dessa evolução encontra-se em *Vayikrá* 22:32:

> *"Não profanareis o meu santo nome, mas serei santificado entre os filhos de Israel; Eu sou o Senhor que vos santifica."*

Como pode um ser humano santificar a Deus?

O profeta Isaías dá a resposta:

"Deus, o Santo, é santificado pela justiça."

Em *Vayikrá*, "santificação" pode ter significado: "não profanar o nome de Deus oferecendo um sacrifício errado." Mas Isaías transformou o que pode ter sido um mandamento ritual em um mandamento moral.

Posteriormente, a tradição rabínica, seguindo Isaías, formulou um dos conceitos mais distintos do judaísmo: Kiddush Ha-Shem.

Tragicamente, esse conceito foi popularizado como a escolha da morte diante da conversão forçada, especialmente durante as Cruzadas e a Inquisição Espanhola, passando a ser comumente entendido como "martírio."

Mas a verdadeira intenção de *Kiddush Ha-Shem* não é ordenar que os judeus se tornem mártires. É, mais precisamente, um imperativo para que se comportem além de seus interesses individuais, de modo que sua conduta se torne exemplo para toda a humanidade.

Kiddush Ha-Shem é a expressão viva de conceitos bíblicos muitas vezes incompreendidos: "um reino de sacerdotes e uma nação santa," "o povo escolhido," e "uma luz para as nações."

Behar - *Vayikrá* 25:1-26:2

O "bolo" Judeu

Uma das metáforas mais recorrentes quando se fala de renda, recursos e distribuição é a do "bolo".

O capitalismo, por exemplo, propõe aumentar o tamanho do bolo econômico comum por meio da aceleração do crescimento. Assim, mesmo a menor fatia se tornaria suficiente para alimentar e sustentar até os mais pobres da sociedade.

A teoria econômica de Marx, por sua vez, baseia-se na partilha equitativa desse bolo.

A literatura fundamental do Judaísmo, o TaNaKh, não se preocupa primordialmente com a escassez de recursos materiais, mas com o comportamento humano. A Torá, os Profetas e os Escritos — os livros que compõem o TaNaKh — sustentam que a questão central não é o bolo, que não pertence aos homens, mas a Deus.

Na economia judaica, a ênfase não recai sobre o tamanho do bolo, mas sobre os convidados: trata-se, antes de tudo, de uma teoria da moralidade humana.

Foi o povo judeu que legou ao mundo a lei de *"deixar o canto do campo para os pobres"*. Foi ele também que introduziu o conceito do dízimo — uma visão econômica que fala de dignidade, empatia e justiça.

A literatura de Israel ensina que, quando os problemas econômicos são considerados do ponto de vista moral, não há necessidade — e muito menos pressão — de acumular riquezas ou acelerar o crescimento.

Isso é exposto com clareza em *Vayikrá* 25, que descreve o Ano Sabático e o Jubileu. Essas leis afirmam que a terra pertence a Deus, e que nós vivemos neste mundo como estrangeiros e viajantes. Tudo o que temos é apenas um empréstimo, concedido por tempo limitado. A ideia é simples e radical: o que possuímos, devemos.

Na teoria econômica judaica, os seres humanos são apenas mordomos e depositários dos bens de Deus. A responsabilidade humana é administrar com retidão a riqueza que lhes foi confiada.

No Judaísmo, considerações de caridade, moralidade e bondade são parte intrínseca da estrutura de mercado. Parafraseando Meir Tamari, ex-economista-chefe do Banco de Israel, esses valores não ficam entregues às "agonizantes escolhas" do indivíduo nem ao seu nível de religiosidade.

Eles são parte da política e do código de regulamentação da vida econômica. Assim, além dos atos pessoais e voluntários de caridade e filantropia, existem também atos de justiça social obrigatórios, sustentados pelo "dinheiro santo": a responsabilidade de indivíduos e corporações de financiar as necessidades da sociedade.

Bechukotai - *Vayikrá* 26:3-27:34

Recompensa e Punição

O terceiro livro da Torá conclui-se com uma longa e detalhada lista de recompensas e punições divinas.

O povo de Israel é advertido de que a prosperidade e as bênçãos seriam o resultado da fidelidade à aliança com Deus, enquanto o infortúnio e o desastre seriam consequência da infidelidade.

À primeira vista, essa lógica parece simples de aceitar. Se "como medes, assim serás medido" é um princípio amplamente aceito na vida, por que não aplicar o mesmo à retribuição divina?

Contudo, a doutrina bíblica da recompensa e do castigo vai além de uma fórmula matemática de causa e efeito. Ela faz parte de uma complexa rede de ideias que ligam a compreensão humana de Deus a conceitos como bem e mal.

A forma como *Vayikrá* apresenta recompensa e punição, porém, não resiste à experiência humana. Profetas como Jeremias e Ezequiel, por exemplo, questionaram desde cedo a doutrina da responsabilidade coletiva defendida pelos sacerdotes, que incluía punir os filhos pelos pecados dos pais.

O rabino Eugene Borowitz, um dos principais filósofos e teólogos judeus do século XX, argumentou de forma convincente que, como a justiça de Deus se baseia na liberdade humana, se cada boa ação fosse recompensada e cada má ação punida, o comportamento humano se tornaria mecânico:

> *"Isso produziria o comportamento desejado por Deus", disse Borowitz, "mas à custa da dissolução do livre exercício da vontade. Se Deus quer que as pessoas sejam verdadeiramente livres e capazes de alcançar a justiça por meio do uso adequado de seu dom único de liberdade, a recompensa e o castigo divinos não podem ser mecânicos."*

Frederick S. Plotkin, ex-diretor da Divisão de Ciências Humanas da Yeshivah University de Nova York, reafirma a mesma ideia sob outro ângulo: os seres humanos não podem controlar a Deus por meio de sua bondade. "Deus não é obrigado a responder ao estalar dos dedos morais do ser humano piedoso."

Se a humanidade do século XXI não pode aceitar literalmente certas doutrinas bíblicas de recompensa e castigo — como as previstas em *Vayikrá* 26 —, isso não significa que o princípio seja falso ou inútil.

Em todo o TaNaKh, a mensagem é clara: as ações humanas carregam em si mesmas as suas consequências. Como afirmou o estudioso bíblico Klaus Koch, professor emérito da Universidade de Hamburgo:

> *"Não há espaço entre o ato e a consequência em que se possa inserir uma cunha de retribuição divina. O papel de Deus não é simplesmente lubrificar os mecanismos e acionar os*

interruptores; Ele nunca precisa interferir para manter a máquina em funcionamento e jamais teria pensado em enfiar um pedaço de pau entre as rodas."

O conceito de recompensa e punição significa, em última análise, que, a longo prazo, boas ações geram bons frutos e más ações conduzem a um mundo corrompido pelo mal.

BAMIDBAR

Bamidbar 1:1-4-20

Quem é Israel?

Os capítulos 1 a 4 do livro *Bamidbar* (*Números*) são, aparentemente, apenas uma classificação das tribos de Israel e a descrição das funções cultuais dos levitas no cuidado externo do santuário. Essas tarefas administrativas e geracionais internas teriam ocorrido há cerca de 3.000 anos no deserto do Sinai, a caminho da Terra Prometida.

No entanto, a preocupação central de Bamidbar é a origem e a singularidade de Israel. A questão, portanto, é de identidade: quem é Israel?

Ao realizar o censo, o Livro de *Bamidbar* não conta "Israel", mas sim "a assembleia dos filhos de Israel". Ao combinar dois termos distintos — *benê Israel* (filhos de Israel) e *edat* (assembleia) — o livro define Israel como aqueles que se associaram aceitando os termos da aliança feita no Sinai.

O Livro do *Shemot* relata que, junto com os "Filhos de Israel", subiu também uma "multidão mista". E o Livro de *Devarim* observa que a celebração da aliança ao pé do Monte Sinai os vinculou a todos: além de "vossos filhos pequenos e vossas mulheres", ali estava também "o estrangeiro que está em teu acampamento."

Em sentido estrito, portanto, "Israel" não é apenas composto dos descendentes de sangue dos doze filhos do patriarca Jacó. "Israel" abrange tanto os que nasceram no povo quanto os que se juntam a ele por escolha.

Israel é, assim, o nome de uma sociedade que, "crê estar em uma relação especial e íntima com Deus, e crê que essa relação não é resultado de sua própria escolha, mas da escolha de Deus".

A vida é uma série de respostas. A diferença entre ser levado pelas circunstâncias e escolher a forma de resposta — e a quem ou a quê se responde — é o que torna a vida verdadeiramente humana. Aqueles que se associam para responder à vida segundo os entendimentos de *benê Israel* são judeus. Esses entendimentos podem, por razões de praticidade, ser traduzidos em leis ou mandamentos. Mas o essencial é que os "entendimentos" vêm primeiro e são mais fundamentais. É por isso que, depois de resumir em uma única fórmula o que é o judaísmo, Hilel, o Ancião, não disse: "Agora vai e observa as leis", mas sim: "Agora vai e aprende".

Israel não é a assembleia dos que observam leis, mas daqueles que se reúnem para encontrar juntos as respostas aos desafios de seu tempo.

O filósofo Søren Kierkegaard disse uma vez:

> *"Seja o que for que uma geração possa aprender da outra, aquilo que é genuinamente humano nenhuma geração aprende da anterior. Nesse aspecto, cada geração começa do zero, não tem outra tarefa além da de cada geração passada e não avança além delas... O que é genuinamente humano é a paixão, pela qual uma geração compreende perfeitamente a outra e também a si mesma. Assim, nenhuma geração aprendeu com outra a amar; nenhuma geração começa de um*

ponto diferente do início; nenhuma geração tem uma tarefa mais curta do que a da geração anterior..."

De forma menos elaborada, mas no mesmo espírito, os sábios judeus afirmaram que cada geração permanece, como que novamente, ao pé do Monte Sinai.

Nasso - *Bamidbar* 4:21-7:89

A paz como equilíbrio de forças

A famosa bênção sacerdotal em *Bamidbar* 6:22-27, que até hoje forma parte integrante da oração judaica e também da liturgia cristã, diz:

> *"Que o Senhor te abençoe e te guarde,*
> *Que o Senhor faça resplandecer o Seu rosto sobre ti*
> *e te conceda graça,*
> *Que o Senhor volte para ti o Seu rosto e te dê paz."*

A palavra hebraica "shalom" é geralmente traduzida em inglês como "paz". Um conceito associado à igualmente famosa proclamação do profeta Isaías:

> *"Das suas espadas forjarão relhas de arado,*
> *e das suas lanças, foices;*
> *Nenhuma nação erguerá a espada contra outra*
> *nação;*
> *Nunca mais aprenderão a guerra."*

No entanto, raramente se compara isso às palavras do profeta Joel:

> *"Forjai espadas das vossas relhas de arado,*
> *e lanças das vossas foices;*
> *diga o fraco: eu sou forte."*

O profeta Joel aqui é irônico: ele parodia a declaração de Isaías. Isso porque, na literatura fundacional de Israel, o

TaNaKh, *shalom* não é alcançado pela simples evitação do combate.

De fato, em muitos lugares das Escrituras Hebraicas, a palavra *shalom* implica a capacidade de Israel de dissuadir as nações que possam ameaçá-la.

"Shalom", no entendimento de Israel, começa quando forças diametralmente opostas são incapazes de prevalecer uma sobre a outra. A ausência de conflito, entretanto, ainda não é *shalom*.

Quando nenhuma parte consegue dominar a outra, estabelece-se o equilíbrio. Ao evitar formulações utópicas não confirmadas pela experiência humana, o TaNaKh trabalha com conceitos realistas.

Shalom é uma palavra hebraica derivada de uma raiz que denota integridade ou plenitude. O desiderato universal, na visão de Israel, é a harmonia resultante de forças opostas em tensão, onde uma não se impõe sobre a outra.

A Bênção Sacerdotal

Os sacerdotes sobem à plataforma diante da arca; tiram os sapatos, levantam as mãos, cobrem-se com o *tallith* e se voltam para a congregação. O leitor proclama: "Cohanim, 'Sacerdotes'", e eles respondem:

> *"Teu povo santo, como está dito." Em seguida, pronunciam cada palavra de forma responsiva após o leitor. Então recitam a bênção registrada no Livro de Bamidbar 6:22-27:*
> *"Que o Senhor te abençoe e te guarde.*

*Que o Senhor faça resplandecer o Seu rosto sobre ti
e te conceda graça.
Que o Senhor volte para ti o Seu rosto e te dê paz."*

Este é um dos rituais mais antigos e visualmente mais
marcantes do Judaísmo ainda em prática hoje. De fato,
além de fazer parte das orações diárias, a *Bênção
Sacerdotal* em *Bamidbar* 6:22-27 também é utilizada em
cerimônias como circuncisões (*brit*) e casamentos
(*huppah*).

Composta de apenas quinze palavras no hebraico original, a
Birkat Kohanim ("Bênção Sacerdotal") é considerada uma
joia de simetria métrica e simplicidade artística. O fato de
ter possivelmente 3.400 anos não diminuiu em nada sua
capacidade de comover o ser humano contemporâneo como
o fez no passado.

Se uma bênção, como observa o rabino Eugene B.
Borowitz, é uma forma de se abrir ao Transcendente, a
Birkat Kohanim é certamente a bênção que, mais do que
qualquer outra, nos permite sentir "o outro".

O rabino Elijah Benamozegh, muito respeitado em sua
época como um dos mais eminentes estudiosos judeus da
Itália, ensinava que toda bênção implica a ideia de um bem
que ainda não possuímos, mas desejamos alcançar. E, como
as bênçãos são informadas por uma ordem ética, a crença
na perfeição do ser humano está implicitamente presente
nelas. A *Birkat Kohanim*, com sua promessa de cuidado,
graça, amizade e paz, nos fala sobre o ideal pelo qual
devemos nos esforçar e trabalhar.

A Rabina Nina Beth Cardin escreve:

"Há dois tipos de bênçãos no Judaísmo. O primeiro tipo é a bênção em resposta a um momento de assombro. Esses momentos podem ser agridoces, ou de intensa tristeza, como ao receber a notícia de uma morte ou doença; ou podem ser experiências de assombro diante da natureza, como ao ver um arco-íris ou no nascimento de uma criança. Para todos esses momentos, a tradição judaica tem uma bênção a ser recitada.

Além dessas bênçãos que respondem ao assombro, existe um segundo tipo de bênção, que busca *provocar* assombro. Como seres humanos, tendemos a buscar e nos acomodar em rotinas que frequentemente nos insensibilizam para as maravilhas do mundo ao nosso redor. Podemos até nos acostumar com os milagres cotidianos que nos cercam. Assim, a recitação das bênçãos pode se tornar um estímulo emocional, um lembrete de tudo aquilo que tomamos como garantido."

O fato de não podermos prescindir das bênçãos em nossas vidas — como dons que desejamos aos outros e que ansiamos receber — explica por que a *berakha* ("bênção") é parte do vocabulário que molda a visão judaica de mundo. E explica também por que bênçãos como a *Birkat Kohanim* permanecem vivas e dão substância ao que, de outra forma, seria apenas o clichê da "tradição judaica".

Beha'alotcha - *Bamidbar* 8:1-12:16

Choro ou Queixa?

O capítulo 11 de *Bamidbar* retrata Israel pedindo carne no deserto. O pedido é descrito como rejeição a Deus, mas estudiosos lembram que o verbo hebraico usado é *bocheh* — chorar — e não *lon*, murmurar. Não rebelião, mas um clamor humano.

Alguns textos bíblicos descrevem a geração do Êxodo como ingrata; outros, como Jeremias 2, a veem como noiva apaixonada em sua "lua de mel" com Deus. Essas contradições refletem tradições diversas reunidas na Bíblia, mais preocupada com teologia que com história.

Para alguns, o deserto simboliza fraqueza e castigo; para outros, fidelidade e amor. O que se aprende, porém, é menos sobre fatos e mais sobre o caráter de Israel: um povo que não se acomoda à escravidão, mas que murmura, luta e questiona — porque o próprio nome *Israel* significa "lutar com Deus."

Quando a Inspiração Não É Tudo

O capítulo 12 do livro de Bamidbar começa com os irmãos de Moisés, Miriã e Arão, criticando-o "por causa da mulher que ele havia tomado como esposa".

Entretanto, à medida que a narrativa se desenrola, a questão da esposa nunca mais é mencionada. O que realmente incomoda Miriã e Arão é o poder do irmão. Como eles dizem:

> *"Acaso falou o Senhor apenas por intermédio de Moisés? Não falou também por nós?"*

Miriã, ao menos, tinha um ponto: ela mesma era profetisa.

O espantoso é que, apenas um capítulo antes, no mesmo Livro de Números, Moisés havia:

> *"... reunido setenta homens dos anciãos do povo... Então o Senhor desceu na nuvem, falou com ele, tomou do espírito que estava sobre ele e o pôs sobre os setenta anciãos; e aconteceu que, quando o espírito repousou sobre eles, profetizaram..."*

Moisés não era o único profeta; desde os primórdios de Israel diferentes tipos de profetas coexistiram. O que tinham em comum era que, em algum momento, todos haviam sido impregnados pelo "espírito de Deus". O mesmo "espírito" que estava sobre Moisés.

Então, do que se queixa Miriã?

A familiaridade com certas palavras às vezes cria a ilusão enganosa de que, por conhecermos o termo, entendemos o seu significado. Lê-se "o espírito repousou sobre eles" como se fosse evidente o que "espírito" quer dizer.

Embora a palavra *"ruah"* em hebraico signifique literalmente "vento", no TaNaKh assume vários sentidos. A palavra latina "espírito" tampouco esclarece muito o que significa o *"ruah"* bíblico. Neste trecho, seu sentido é melhor compreendido observando o que o *"ruah"* faz.

Em *Bamidbar* 12:6-8 lemos:

> *"Ouvi, pois, as minhas palavras: Se entre vós*
> *houver profeta do Senhor, a ele me faço conhecer*
> *em visão; falo com ele em sonho.*
> *Não assim com o meu servo Moisés; ele é fiel em*
> *toda a minha casa."*

Em outras palavras, o tipo de profecia de Moisés é distinto dos demais — certamente diferente da que praticavam os anciãos e Miriã.

Em que sentido?

Moisés é sobretudo um profeta da ação, alguém que toma parte ativa nos acontecimentos, e não apenas através das instruções que transmite.

Na verdade, *ruah* é uma metáfora que, para a compreensão do século XXI, faria mais sentido se fosse traduzida como "inspiração" em vez de "espírito".

A diferença entre a "inspiração" de Moisés e a dos outros profetas se evidencia num comentário de Abraham Maslow, fundador da psicologia humanista:

> *"Inspirações são baratas. A diferença entre a*
> *inspiração e o produto final é uma enorme*
> *quantidade de trabalho duro, disciplina, treino,*
> *exercícios, ensaios, descartes de primeiras versões,*
> *e assim por diante. A criatividade que resulta em*
> *produtos concretos depende tanto de outras*
> *virtudes — teimosia, paciência, esforço árduo, etc."*

Essa descrição aplica-se com facilidade ao estilo profético de Moisés, ao seu caráter e à sua vida. Ela se revela plenamente quando comparamos Moisés com os outros profetas de sua época e de gerações posteriores.

A lição que emerge não pertence apenas ao campo religioso, mas serve também a salas de aula, reuniões corporativas e à solidão da mesa de trabalho de qualquer pessoa.

Shelach - *Bamidbar* 13:1-15: 41

A responsabilidade histórica de Israel é confrontar "gigantes"

O livro de *Bamidbar* dá a impressão de que, após quarenta anos de atraso, a Terra Prometida foi conquistada de forma sistemática e relativamente rápida, culminando na unificação de Israel sob a liderança de Josué.

Contudo, outras tradições preservadas nos mesmos textos apresentam uma narrativa distinta. No Livro de Juízes, por exemplo, as tribos não agem como uma entidade unificada, e são listadas vinte cidades — incluindo centros-chave como Jerusalém — ainda habitadas por cananeus em território que, teoricamente, já estaria sob posse de Israel.

Com base nas diferentes versões bíblicas, em fontes históricas da região e em dados arqueológicos, estudiosos modernos têm questionado a historicidade da narrativa de conquista descrita nas Escrituras.

Entre as teorias propostas, a que mais gerou debate foi a da chamada "escola de Tel Aviv", liderada por Nadav Na'aman, Israel Finkelstein, Zeev Herzog e outros.

Em 1998, Finkelstein, então diretor do Instituto de Arqueologia da Universidade de Tel Aviv, rejeitou praticamente todas as crenças tradicionais sobre a origem do antigo Israel. Poucos anos depois, em *A Bíblia Revelada: a nova visão da arqueologia do antigo Israel e seus textos sagrados* (2001), escrito com Neil Silberman, defendeu que:

"Os israelitas emergiram apenas gradualmente como um grupo distinto em Canaã."

Outro arqueólogo israelense, Moshe Kochavi, foi ainda mais direto:

"A arqueologia apresenta uma imagem radicalmente diferente da epopeia da conquista bíblica. O desaparecimento da cultura cananeia e o enraizamento de Israel em Canaã não foram um evento único, mas um processo histórico complexo de mais de duzentos anos, entre os séculos 13 e 11 a.e.c."

Assim, em vez de uma conquista rápida e genocida, a maioria dos estudiosos entende o processo como uma transformação social e cultural gradual.

Nesse contexto, a narrativa dos "doze espiões" enviados por Moisés (*Bamidbar*13) não deve ser lida como registro histórico literal. Além das evidências externas, o próprio Tanakh preserva três versões diferentes dessa história, todas divergentes entre si.

Como resumiu Philip R. Davies, diretor do Centro para o Estudo dos Manuscritos do Mar Morto:

"O Israel bíblico é o produto de memórias culturais combinadas e negociadas, uma reivindicação de identidade, e não um fato histórico único."

Do ponto de vista teológico e moral, isso também faz sentido. É inconcebível imaginar que o Deus de Israel tenha exigido extermínio de povos inteiros — incluindo inocentes

— ou que os "filhos de Israel" tenham se comportado como um proto-"Estado Islâmico", intoxicados por agressividade e indiferença ao destino de civis, como vemos em práticas de grupos atuais como o Hamas.

O objetivo central do relato, portanto, não é militar ou histórico, mas espiritual: Israel é desafiado a enfrentar "gigantes" — metáfora para os obstáculos que só podem ser vencidos pela fé e confiança em Deus, para além do que parece humanamente razoável.

Essa mensagem, criada nos primórdios da identidade israelita, mostrou-se profética. Após séculos de exílio, novas gerações retornaram não como conquistadores, mas como indivíduos e grupos que gradualmente transformaram a terra de seus antepassados, abrindo espaço para um futuro coletivo.

Hoje, o processo de formação do Estado de Israel pode ser visto como eco dessa mesma dinâmica: uma transformação histórica marcada tanto por confrontos sangrentos quanto por uma visão otimista, centrada no valor da vida humana.

Qorah - *Bamidbar*-16:1-18:32

Se todos são iguais, quem deve governar?

A Torá não é apenas um compêndio religioso. É também uma obra que lança luz sobre dilemas sociais e políticos que permanecem atuais.

Bamidbar, capítulos 16 e 17, coloca uma questão central para qualquer democracia: se todos são iguais, quem deve governar? Quem define a lei, qual deve ser o papel de maiorias e minorias, e quanto tempo um líder pode permanecer no poder?

A narrativa começa com Corá, Datã, Abirão e 250 líderes do povo que desafiam Moisés e Arão:

> *"Agora chega! Todo o povo pertence a Deus. Então por que vocês querem mandar sobre o povo de Deus?"*

O argumento é claro: se toda a comunidade é santa, por que apenas a tribo de Levi teria status especial?

Corá e seus seguidores desafiaram Moisés e Arão em nome da igualdade. O argumento era forte: por que uma tribo teria privilégios sobre as demais? A resposta, porém, foi dura e letal.

O dilema continua atual. Em Israel de hoje, ressurge na disputa sobre o poder da Suprema Corte. Grupos ultraortodoxos repetem, em nova chave, a mesma crítica: quem deu a alguns o direito de falar em nome de todos?

A tradição rabínica oferece um critério: há controvérsias para o bem comum — que duram e produzem frutos — e há disputas movidas pelo ego, que não sobrevivem. A de Corá, dizem, era da segunda espécie.

Mas a tensão não desaparece. Democracia é sempre um equilíbrio instável entre igualdade e liderança, entre vozes do povo e responsabilidade de governar.

O episódio bíblico nos lembra que a pergunta essencial nunca foi resolvida: quando todos são iguais, quem deve mandar? E, mais ainda: como garantir que o poder sirva ao bem de todos, e não apenas a alguns?

Chukat - Bamidbar 19:1-22:1

Superando crenças regressivas

Profetas, escribas da corte, homens e mulheres sábios, poetas e sacerdotes — cada um entendeu a vontade divina de forma um pouco diferente. Esses diversos entendimentos estão preservados nas páginas das Escrituras Hebraicas, o TaNaKh.

Na concepção sacerdotal, o mundo, aos olhos de Deus, divide-se entre puro e impuro, santo e profano, bênção e maldição. Cada esfera possui limites claros e, para que o sistema funcione harmoniosamente, tais fronteiras não devem ser transgredidas.

Para os sacerdotes, nada desagradava mais a Deus do que a impureza. Assim, a maior preocupação era manter o impuro afastado da Arca Sagrada no deserto e, mais tarde, do Templo em Jerusalém.

Por meio de rituais de purificação, pessoas e objetos que se tornavam impuros podiam restaurar sua condição original. Nenhuma impureza, porém, era considerada tão grave quanto a que resultava do contato com os mortos (excetuando a lepra, vista como incurável). Quem tivesse contato com cadáver precisava passar não apenas pelo ritual comum de lavagem com água, mas por uma purificação especial: a água misturada com as cinzas da vaca vermelha.

Segundo a Torá (*Bamidbar* 19), esse ritual era central. Todos os judeus eram considerados impuros por contato direto ou indireto com os mortos. Sem a purificação com a água especial, ninguém podia entrar no Templo.

O capítulo 19 do livro de *Bamidbar* descreve o preparo dessa água:

Uma vaca vermelha perfeita, sem mancha e que jamais tivesse carregado jugo, deveria ser abatida e totalmente queimada. Suas cinzas eram então misturadas com água fresca para os rituais.

Esse animal, porém, é raríssimo. A lei religiosa determina que até três pelos de outra cor (brancos ou pretos) já desqualificam o animal.

No século XII, Moisés Maimônides, analisando textos rabínicos, registrou que apenas nove vacas atenderam, na história, às exigências da Torá. Ele acrescenta:

> *"...E a décima vaca vermelha será preparada pelo Rei Messias."*

Com essa afirmação, Maimônides associou a décima vaca à era messiânica, dando início a um novo curso no pensamento judaico que repercute até hoje.

Na década de 1990, parcerias inusitadas surgiram entre cristãos evangélicos norte-americanos e rabinos ortodoxos. O jornalista israelense Gershom Gorenberg, em *O Fim dos Dias: Fundamentalismo e a Luta pelo Monte do Templo*, narra a associação do reverendo Clyde Lott, do Mississippi, com o rabino Chaim Richman, do Instituto do Templo, para criar rebanhos de gado vermelho em Israel. Igrejas nos EUA chegaram a levantar fundos para o projeto, citando

Bereshit 12:2-3 — "Abençoarei os que te abençoarem, e amaldiçoarei os que te amaldiçoarem".

Estudiosos, no entanto, afirmam que o rito da vaca vermelha tem raízes em práticas pagãs, provavelmente de caráter mágico.

O rabino e biblista Jacó Milgrom ofereceu uma interpretação racional:

> *"A purificação do contaminado com as cinzas da vaca vermelha representa uma vitória sobre crenças pagãs. A impureza do cadáver deixou de ser vista como demoníaca e autônoma, e o contaminado não precisava mais ser excluído da comunidade durante sua purificação."*

Se sua análise está correta, então os usos messiânicos atuais desse rito representam um retrocesso — uma volta ao sobrenatural que a própria Torá buscava superar.

Balak - *Bamidbar* 22:2-25:9

Vendo as coisas como elas são

Em 1967, durante escavações em Deir Alla, no Vale do Jordão, uma expedição arqueológica holandesa encontrou fragmentos de um texto narrando as visões de um vidente chamado Balaão, filho de Beor. O nome é familiar aos leitores do *TaNaKh,* onde Balaão é um dos protagonistas dos capítulos 22 a 24 do Livro de *Bamidbar*.

A descoberta de Deir Alla confirmou a antiguidade de um gênero de narrativas sobre profetas e homens santos, capazes de abençoar ou amaldiçoar reis e nações.

Segundo o relato bíblico, o rei de Moab, temendo que os israelitas em sua marcha para a Terra Prometida viessem a cercar Moab e limitar sua expansão, enviou repetidas missões a Balaão, insistindo para que lançasse suas artes contra Israel.

Balaão era visto como alguém cujo poder de bênção ou maldição era infalível. Na ingenuidade pagã do rei, bastaria um feitiço de Balaão para mudar o destino de Israel. Como ele diz:

> *"O que você abençoa é abençoado,*
> *e o que você amaldiçoa é amaldiçoado."*

Apesar de ofertas de grande riqueza, Balaão recusava-se a acompanhá-los, declarando estar sujeito apenas à autoridade de Deus. Por fim, Deus lhe concede permissão para ir, mas com a advertência de pronunciar apenas as palavras que Ele colocasse em sua boca.

Assim, em vez de maldições, Balaão profere bênçãos: reconhece a força de Israel e declara que é uma nação abençoada.

O núcleo da narrativa é que o Deus de Israel controla até mesmo as palavras do profeta estrangeiro. Para o paganismo, ao contrário, os poderes divinos podiam ser manipulados por uma casta de especialistas, seguindo rituais cuidadosamente prescritos.

No entanto, na tradição bíblica, o verdadeiro profeta não manipula nada. Ele vê as coisas como são — e não pode evitar nomeá-las.

Do alto, olhando para o acampamento de Israel, Balaão é tomado pelo assombro: um povo que acampa sozinho, sem aliados, mas sustentado por uma força maior.

Sim, a história tem elementos de folclore regional. Mas ela também carrega a sabedoria singular de Israel: a de que não se pode dizer sobre alguém o que ele não é, nem deixar de reconhecer aquilo que está diante dos olhos.

Isso — conclui a narrativa — é a própria palavra de Deus.

Pinchas - *Bamidbar* 25:10-30:1

Fanatismo, extremismo e zelotismo religioso

O cientista social e professor da Universidade Bar-Ilan, em Israel, Charles Liebman levantou a ideia instigante de que o extremismo é a norma religiosa. Consequentemente, acrescentou, o que realmente precisa ser explicado não é o extremismo religioso, mas sim a moderação religiosa.

O tema aparece com toda a força no capítulo 25 de *Bamidbar*, e continua sendo uma das questões mais urgentes do mundo atual.

Em *Bamidbar*, os israelitas se estabelecem em *Shittim* — a última estação de sua marcha rumo à Terra Prometida — e passam a se relacionar com mulheres locais. Essas mulheres convidam seus companheiros israelitas a participar de cultos idólatras.

Uma praga cai sobre Israel, ceifando a vida de 24.000 pessoas.

Enquanto toda a comunidade chora, Pinhas, ao ver um israelita apresentar uma mulher midianita à sua família, agarra uma lança e mata ambos de uma só vez. A praga, que devastava o acampamento israelita, cessa imediatamente.

No capítulo 25, versículos 11-13, lemos:

> *Então o Senhor falou a Moisés:*
> *"Pinhas, filho de Eleazar, filho de Aarão, o*
> *sacerdote, afastou o meu furor de sobre os*

israelitas, porque foi zeloso com o meu zelo no meio
deles, de modo que não exterminei os israelitas no
meu ciúme.
Portanto, dize: Eis que lhe dou a minha aliança de
amizade.
Será para ele e para seus descendentes depois dele
uma aliança de sacerdócio perpétuo, porque teve
zelo pelo seu Deus e fez expiação pelos israelitas."

Os leitores da Literatura Fundamental de Israel recordarão que o próprio Moisés tinha uma esposa midianita, e isso não foi considerado ameaça alguma.

O sociólogo Menachem Friedman escreve que, ao agir diante de todo o povo, Pinhas revelou a fraqueza do líder Moisés. Um traço crucial desse tipo de extremismo é que, ainda que a ira dos zelotes se dirija aos pecadores, sua ação acaba sempre por desafiar a autoridade dos líderes estabelecidos, por mais respeitados que sejam.

Extremistas, particularmente os zelotes religiosos, estão dispostos a levar certas opiniões correntes até as últimas consequências, mesmo quando isso exige medidas radicais. O fanatismo não se mede tanto pelo conteúdo, mas pelo grau.

Segundo André Haynal, Miklós Monar e Gerard De Puymege, que estudaram historicamente e psicanaliticamente o fenômeno, o fanático, em sua ilusão de possuir o absoluto e o sobre-humano, acredita deter a verdade, o que lhe confere onisciência e onipotência, satisfazendo o desejo à custa da realidade. Esse sentimento de onipotência vem acompanhado do êxtase narcísico de crer-se entre os eleitos de Deus ou da história.

Como o zelo religioso representa o desejo ardente de servir a Deus, os zelotes geralmente buscam apoio em autoridades religiosas que legitimem suas ações violentas. Quando não conseguem tal autorização, escreve o falecido cientista político Ehud Sprinzak — um dos maiores especialistas sobre a ultradireita israelense, que advertiu o ex-primeiro-ministro Yitzhak Rabin sobre a possibilidade de um atentado contra sua vida —, encontram sua legitimidade no precedente de Pinhas.

Não há dúvida de que a história de Pinhas — expressão da postura conservadora e separatista dos círculos sacerdotais — sanciona a aprovação divina de um ato de assassinato. No entanto, como afirmou o falecido professor da Universidade Hebraica de Jerusalém, Efraim Urbach, do ponto de vista da justiça humana, a ação de Pinhas foi ilegal, e o próprio *Talmude* censura o ato dos zelotes, declarando-o contrário à opinião dos sábios rabínicos.

Ainda que haja um componente patológico no fanatismo, adverte o historiador americano Walter Laqueur, isso não significa que o fanatismo em si seja patológico. Grandes intuições humanas liberam a paixão que se encontra em extremistas, fanáticos e zelotes. Sem paixão, essas intuições jamais passariam de teorias. Mas, sem moderação, sua aplicação termina inevitavelmente em tragédia e fracasso.

Como escreveu o filósofo espanhol José Ortega y Gasset:

> *"Todo extremismo está condenado ao fracasso, porque consiste em excluir e negar tudo, exceto um único ponto da realidade vital."*

Modificar a Lei é Afirmá-la

A regra fundamental da sociedade patriarcal, conforme encontrada nas Escrituras Hebraicas, é que somente os filhos homens têm direito à herança.

Contudo, cinco mulheres — Maalá, Noa, Hogla, Milca e Tirza — se levantam para contestar a lei que as impedia de herdar a terra e preservar a memória de seu pai.

Lemos em *Bamidbar*, capítulo 27, versículos 1 a 7:

> *As filhas de Zelofeade... se apresentaram.*
> *Elas se colocaram diante de Moisés, do sacerdote Eleazar, dos líderes e de toda a assembleia, à entrada da Tenda do Encontro, e disseram:*
> *"Nosso pai morreu no deserto... e não deixou filhos homens.*
> *Que o nome de nosso pai não desapareça do meio de seu clã só porque ele não teve filhos homens! Dá-nos uma propriedade entre os parentes de nosso pai!"*

O dramaturgo americano David Mamet comentou:

"Está implícito no pedido delas o entendimento de que a lei codificada existe apenas como uma tentativa de prover justiça e misericórdia; sendo uma construção humana, deve ser imperfeita. Moisés percebeu que não poderia, em consciência, agir conforme a ordem estabelecida, e levou o problema a Deus."

E o Senhor disse a Moisés:

"O pedido das filhas de Zelofeade é justo: tu lhes darás uma herança entre os parentes de seu pai; transfere a elas a parte que caberia a seu pai."

O professor Shai Cherry, da Universidade da Califórnia em San Diego, observa:

"Como responder ao inédito? É muito mais fácil apoiar-se nas regras já estabelecidas, sejam elas quais forem. É perigoso abrir o livro da lei para revisá-lo. Onde isso vai parar? O caminho mais fácil para Moisés teria sido apoiar-se no precedente: filhas não herdam. Essa é a lei.
Mas a lei foi criada para promover justiça e misericórdia e, inevitavelmente, surgirão situações em que sua aplicação literal resultará em injustiça e negação da misericórdia.
É preciso visão para saber quando as leis existentes são elásticas o suficiente para abarcar situações novas e quando é necessário elaborar uma nova legislação que melhor traduza o espírito da lei. Moisés compreendeu a injustiça da lei no caso das filhas de Zelofeade."

E conclui:

"O status legal subordinado da mulher é contrabalançado por um compromisso com a justiça e a equidade. A história das filhas de Zelofeade demonstra a flexibilidade da Torá diante de casos inéditos que poderiam gerar injustiça se a lei não fosse emendada."

Aqui está a tradução completa do texto para o português:

Mattot - *Bamidbar* 30:2–32:42

Quem escreveu os primeiros cinco livros da Literatura Fundamental de Israel, a Torá? E por que importa sabê-lo?

Segundo o *Talmude* — outra coletânea literária judaica, segunda em autoridade — Moisés escreveu seu próprio livro e a seção de Balaão e Jó.

Josué escreveu seu próprio livro e os oito últimos versículos do Pentateuco.

Samuel, o "juiz", escreveu seu livro, Juízes e Rute.

O rei Davi escreveu o Livro dos Salmos.

O profeta Jeremias escreveu seu livro, Reis e Lamentações.

O rei Ezequias e seu círculo escreveram Isaías, Provérbios, Cântico dos Cânticos e Eclesiastes.

Os Homens da Grande Assembleia escreveram Ezequiel, os Doze Profetas Menores, Daniel e o Rolo de Ester.

Esdras, "o escriba", escreveu seu livro e as genealogias de Crônicas até sua época.

O rabino Burton L. Wisotzky, especialista em Midrash do Seminário Teológico Judaico da América, observa que, portanto, a palavra de Deus envolve participação humana. Seja pela redação de um editor, seja pela transmissão da memória, o ser humano está sempre presente na recepção e transmissão da palavra divina.

Assim, está claro que, em nenhum caso, o judaísmo sustenta que sua literatura fundamental tenha sido escrita por Deus.

O que alguns círculos dentro do judaísmo afirmam é que ela foi escrita sob inspiração divina — algo que ninguém está em posição de contestar. Afinal, todo ser humano é "inspirado" a agir: pelas circunstâncias, pela cultura, por outras pessoas ou pelo que entende como a palavra de Deus. Isso significa que os seres humanos têm a capacidade de responder aos desafios da vida. Ou seja, possuem a responsabilidade de não se esquivar nem se esconder das demandas que enfrentam.

Na Torá, contudo, é preciso distinguir entre inspiração e a mensagem efetiva do texto. Uma das razões mais evidentes para essa diferenciação é tecnológica: depende do momento em que a escrita foi inventada e de quando se tornou possível escrever "livros" completos, bem como da existência de leitores capazes de acessá-los.

A infraestrutura social necessária para o uso generalizado da escrita em Israel só começou a surgir no final da monarquia (séculos depois da maior parte dos eventos narrados nos cinco primeiros livros). A literatura bíblica foi escrita em grande parte entre os séculos VIII e VI a.e.c., entre os dias dos profetas Isaías e Jeremias. O registro escrito esteve intimamente ligado à urbanização de Jerusalém, ao crescimento da burocracia governamental, ao desenvolvimento de uma economia global mais complexa e à expansão da alfabetização.

Isso se reflete, por exemplo, em *Bamidbar* 30, que regula os votos das mulheres. Originalmente, seus juramentos eram válidos e vinculantes. Mas, com a difusão de contratos escritos, surge a possibilidade de pais e maridos anularem esses compromissos. O professor Baruch Levine interpreta o capítulo como uma reação contra uma liberdade feminina maior no passado.

A professora Paula E. Hyman, especialista em História Judaica Moderna, observou que, no judaísmo rabínico, as mulheres não são entidades legais independentes. Como menores, surdos-mudos e incapazes, elas não podem servir como testemunhas em tribunais judaicos (exceto em alguns casos específicos). Não herdavam igualmente em relação aos homens. Esperava-se que fossem sustentadas pelos maridos; desempenhavam apenas papel passivo no casamento e não podiam iniciar o divórcio.

No entanto, a ausência de uma definição específica de papéis femininos na Torá questiona as bases da tradição rabínica. O rabino ortodoxo Saul Berman observa que, se a Torá tivesse a intenção de excluir as mulheres de qualquer papel além do de esposas e mães, poderia facilmente ter imposto isso. Assim como prescreveu as obrigações do marido para com a esposa e dos filhos para com os pais, poderia ter exigido legalmente que as mulheres se limitassem ao casamento, à procriação e às tarefas domésticas. Mas não o fez.

Desde o Iluminismo e o surgimento dos movimentos feministas, tornou-se comum sustentar que a Torá valorizava as mulheres e até as colocava em condição de igualdade com os homens — e que forças reacionárias posteriores restringiram essa igualdade, apelando a uma suposta autoridade divina inexistente.

As grandes inspirações que deram origem à Torá muitas vezes foram enfraquecidas quando só puderam ser postas por escrito muitas gerações depois. Há, portanto, uma diferença entre a ideia original e o momento em que os avanços tecnológicos permitiram registrá-la.

Isso não significa que a ideia original fosse sempre melhor. Em muitos casos no TaNaKh, o oposto é verdade. Mas em certas situações — como no caso dos votos femininos — o registro escrito permitiu distorcer a intuição inicial.

Masei - *Bamidbar* 33:1-36:13

Bamidbar 35 e Gaza: O Peso da Ética na Guerra de Israel

Se o TaNaKh, a Literatura Fundamental de Israel, não tivesse nada a dizer ao momento em que vivemos, certamente não mereceria muita atenção. Mas tem — e o que diz orienta como Israel pensa e age.

O capítulo 35 de *Bamidbar* trata da distinção feita no direito penal bíblico entre homicídio premeditado e homicídio não intencional. O texto pergunta se o homicida planejou matar, com intenção prévia, ou se matou acidentalmente em uma situação inesperada. Outras variáveis consideradas são a causalidade — se a morte resultou diretamente da ação do agressor ou se houve um agente intermediário que quebrou o nexo causal.

Com o título *"As mortes de civis em Gaza refutam as alegações de moralidade de Israel,"* o jornal "The National" — diário em inglês de propriedade do governo de Abu Dhabi — expressou o que outros veículos internacionais insinuam: que, frustrado por não conseguir deter os lançamentos de foguetes de Gaza, o Exército de Israel estaria aplicando uma política tácita de punição coletiva contra a população.

Após a Guerra de Independência de 1948, lembra o historiador Benny Morris, os israelenses exaltavam a *"pureza das armas"* de seus soldados, contrastando-a com a barbárie árabe, que em algumas ocasiões mutilava corpos de judeus capturados. O rabino Yosef Shlomo Elyashiv Goren, primeiro rabino-chefe do Rabinato Militar, escreveu:

> *"Apesar do mandamento explícito da Torá para travar guerras, somos ordenados a ter misericórdia até do inimigo e não matar em guerra, exceto quando a autodefesa é imperativa [...]. É certamente proibido ferir a população civil. É proibido atingir mulheres e crianças que não participam do combate."*

Essa regra foi posteriormente formalizada sob o chefe do Estado-Maior Ehud Barak, no governo Rabin, que criou um comitê presidido por Asa Kasher (Universidade de Tel Aviv) para elaborar um código de conduta para as FDI. O resultado foi um código de sete páginas, chamado *O Espírito das FDI*, descrito por Kasher como *"o mais profundo código de ética militar do mundo"*.

O filósofo político Yoram Hazony afirma que a missão essencial das FDI nunca foi apenas proteger o Estado, cidadãos e democracia, mas servir como guardião do povo judeu. Exemplos incluem operações na Etiópia para salvar judeus etíopes da fome e da violência, ações na União Soviética em favor de judeus perseguidos, e o resgate em Entebbe (1976) de 103 reféns judeus — que, segundo Hazony, teria ocorrido mesmo se todos fossem judeus franceses.

Já em Gaza, a população elegeu o Hamas como governo, organização cujo estatuto cita um hadith que conclama muçulmanos a lutar contra judeus até exterminá-los.

Líderes como Ismail Haniyeh e Mahmoud al-Zahar reiteraram em várias ocasiões que nunca reconhecerão Israel e que seu objetivo é eliminá-lo do mapa.

Mesmo admitindo ceticismo sobre retóricas de ambos os lados, há uma diferença clara de intencionalidade: Israel não vai à guerra para infligir dor, mas como último recurso de defesa; já os inimigos islamistas declaram abertamente querer a destruição dos judeus. O líder do Hizbolá, Hassan Nasrallah, chegou a afirmar:

> *"Se procurássemos no mundo inteiro alguém mais covarde, desprezível e fraco em mente, ideologia e religião, não encontraríamos ninguém como o judeu. Notem: não digo o israelense, digo o judeu."*

Desde a Guerra do Golfo (1991), Israel investiu bilhões em abrigos antiaéreos: toda casa nova precisa ter um cômodo blindado; prédios antigos podem ganhar abrigos em troca de licenças para andares adicionais. Hoje, dois terços da população têm acesso a áreas seguras. Em contrapartida, embora o Hamas tenha construído túneis e bunkers para fins militares desde 2009, nenhum esforço foi feito para proteger civis dos bombardeios. Como observou o planejador urbano Alan Marcus, o cimento usado em túneis poderia ter garantido abrigo para cada família.

O jornalista Jeffrey Goldberg escreveu que, após a retirada israelense de Gaza em 2005, os palestinos poderiam ter seguido o exemplo dos curdos e de Ben-Gurion e criado a infraestrutura de um Estado próspero, beneficiando-se de sua posição estratégica entre Israel e Egito. Em vez disso, estufas doadas por judeus americanos foram saqueadas e destruídas, símbolo da oportunidade desperdiçada.

O mundo cobra de Israel a responsabilidade pela incapacidade do Hamas de desenvolver Gaza. A crítica insiste na assimetria de vítimas, mas ignora que em guerras não há vencedores — apenas lados que perdem em graus diferentes. Israel busca minimizar perdas; Hamas e Jihad Islâmica maximizam-nas, mesmo entre seus próprios civis.

A ex-primeira-ministra Golda Meir disse em 1957:

"A paz virá quando os árabes amarem mais seus filhos do que odeiam a nós."

E, após a Guerra dos Seis Dias, acrescentou:

"Talvez possamos perdoar os árabes por matarem nossos filhos; mas será mais difícil perdoá-los por nos forçarem a matar os filhos deles."

DEVARIM

O Livro de *Devarim* é estruturado como uma versão completa da antiga constituição de Israel.

Seu título hebraico, *Devarim* (literalmente "palavras" ou "discursos"), reflete sua forma: uma série de discursos em primeira pessoa.

A maior parte do texto apresenta as palavras finais de Moisés a Israel, pronunciadas nas planícies de Moabe, quando o povo se prepara para se despedir de seu líder de longa data e, enfim, entrar na Terra Prometida.

Antes de *Devarim*, nenhum texto havia falado aos israelitas com tamanha extensão, em estilo tão pessoal e retórico, sobre eles mesmos, seu Deus e seu destino.

O que distingue Devarim dos livros anteriores da Torá é sua urgência social e ética. Ele teme que a desigualdade e a idolatria corroam os frágeis laços da comunidade. Em resposta, revisa leis anteriores de *Shemot* (*Êxodo*) para reforçar a proteção aos pobres e ampliar direitos para as mulheres.

Devarim reformula a lei de Israel não apenas para regular a sociedade, mas para promover uma ordem moral baseada em justiça e dignidade.

Devarim tornou-se a semente da qual todo o cânone bíblico acabaria por florescer. A partir dele, os materiais antigos dos quatro primeiros livros foram reeditados, os escritos de profetas anteriores ao descobrimento de Devarim foram reunidos, e novas histórias foram compostas sob sua influência.

Mais do que qualquer outro texto da tradição, Devarim oferece a formulação mais radical e ousada da fé.

Devarim 1:1-3:22

Recordar o passado, construir o futuro

O livro de *Devarim* (Deuteronômio) começa com uma cena dramática: Moisés, de pé nas planícies de Moabe, próximo ao Monte Nebo, reúne os israelitas. A margem leste do Jordão havia acabado de ser conquistada, e o povo estava pronto para atravessar em direção à Terra Prometida.

Mas a geração anterior — a que saíra do Egito — já havia desaparecido. Esta nova geração não tinha visto o Êxodo com os próprios olhos. Não conhecia o terror da escravidão nem as rebeliões no deserto. Para eles, o passado não era memória, mas narrativa.

Ciente dessa lacuna, Moisés reconstrói a jornada de Israel. Sua narrativa não é apenas história; é instrução moral. Ele destaca as oportunidades perdidas, os custos do medo e os perigos da desobediência. Para Moisés, o caminho para um futuro estável e esperançoso passa pela honestidade em relação às falhas da comunidade.

Para construir, é preciso primeiro lembrar.

Isso torna Devarim talvez o mais atual de todos os livros da Torá. Ele se dirige a uma geração que não viveu os acontecimentos fundadores do passado — assim como hoje os judeus lidam com a memória do Holocausto, da fundação do Estado de Israel e de décadas de rejeição e conflito que continuam a marcar a existência judaica.

O desafio é o mesmo: como uma comunidade transmite sentido quando seus traumas fundacionais já não são experiências vividas, mas mediatizadas por histórias, rituais e ensinamentos? Devarim insiste que a memória não pode ser reduzida a nostalgia nem cristalizada em mito. Ela deve ser transformada em orientação — em lições sobre fracasso, responsabilidade e possibilidade de renovação.

Devarim não é apenas uma escritura antiga; é um programa político e moral. Ele nos diz que a história não pode ser vista como um jogo de soma zero, em que a sobrevivência de um povo exige a destruição de outro. Pelo contrário, conclama a transformar feridas passadas em fontes de resiliência e visão.

Para Moisés — e para nós — a tarefa é clara: assumir o peso da história — seus traumas, fracassos e esperanças — e moldá-lo em um sentido capaz de sustentar um futuro mais justo e duradouro.

Vaetchanan - *Devarim* 3:23-7:11

O zelo é uma coisa boa?

O Tanakh atribui ao Deus de Israel a qualidade de ser
"zeloso":

> *"Porque o Senhor, teu Deus, é um Deus zeloso."*

Se entendemos os atributos de Deus como expressão de
valores e aspirações humanas, afirmar que Deus é zeloso
soa, no mínimo, perturbador.

O zelo está muitas vezes associado ao amor, mas sobretudo
à raiva. Como disse o falecido professor da Universidade
Hebraica de Jerusalém, Moshe Greenberg, trata-se da
"raiva ressentida de alguém cujas prerrogativas foram
usurpadas ou concedidas a outro."

Reforçando esse ponto, note-se o ponto que as palavras
hebraicas para zelo (*kinah*) e ódio (*sinah*) são quase
idênticas, diferindo apenas por uma letra.

A filósofa Martha Nussbaum, da Universidade de Chicago,
considera o zelo sempre suspeito, pois geralmente parte da
ideia de que alguém tem o direito de controlar os atos de
outra pessoa. Nesse sentido, o zelo tende não apenas a
dominar o outro, mas também a dominar aquele que o
sente.

Por isso, não surpreende que os rabinos medievais tenham
ensinado que os seres humanos não devem imitar a Deus
em todas as coisas; em especial, não devem ser zelosos.

Ainda assim, o zelo é uma característica do Deus de Israel, expressa Seu envolvimento apaixonado com os seres humanos.

Apesar de seu risco de degenerar em violência, o zelo é também um sinal daquilo que realmente importa para alguém — para o indivíduo, para a sociedade e até para Deus.

O zelo, portanto, pode ser visto como um recurso emocional que protege relações únicas. Quando vinculado ao amor e mantido dentro de limites, pode assumir a forma de ciúme legítimo, ajudando a definir prioridades e valores.

No limite, o zelo revela o que é mais valioso para nós. Dentro de restrições e vinculado ao amor, pode até se tornar um ciúme protetor, que ajuda a definir prioridades e a reafirmar compromissos.

Ekev - *Devarim* 7:12-11:25

Um povo de dura cerviz

A Torá chama os israelitas, alternadamente, de "Povo Escolhido", "um povo à parte", "reino de sacerdotes" e "nação santa". Mas os mesmos livros também os descrevem, repetidas vezes, como um "povo de dura cerviz" — expressão que muitos judeus leem com um certo prazer secreto, quase perverso.

A metáfora aparece em vários lugares do Tanakh inclusive em *Devarim* 9:6. É uma imagem de frustração: para ajustar o jugo sobre o animal de lavoura, o agricultor precisava que ele relaxasse o pescoço. "Dura cerviz" designa justamente o oposto: a recusa em curvar-se para ouvir.

Se, por um lado, é uma crítica, por outro, é também uma qualidade que acompanhou os judeus ao longo da história — a teimosia como resistência diante da adversidade.

O filósofo Bento Spinoza achava que a religião judaica tornava seus adeptos obedientes e servísseis, "emasculando suas mentes". Talvez estivesse cego diante das seitas de seu tempo, porque a história mostra o contrário.

O ideal judaico é o de alguém como Jacó, que "lutou com Deus e com os homens e prevaleceu". Na teologia judaica, Deus deixou a criação inacabada justamente para que os humanos, com liberdade e até com erros, a completassem. Submissão não gera responsabilidade nem criatividade.

Assim, "obstinação" — o equivalente não-bíblico de "dura cerviz" — também pode significar compromisso inabalável.

Sim, os judeus são um povo teimoso e rebelde, e isso explica parte do sofrimento (inclusive autoinfligido) que atravessaram. Mas também são portadores de convicções firmes e de uma confiança inquebrantável em valores como lealdade, promessa cumprida e esperança em um futuro melhor.

No sentido negativo, "dura cerviz" é o indivíduo que busca apenas afirmar-se, caindo numa existência injustificada e sem sentido.

Mas o "judeu obstinado", definido por seus compromissos, é aquele capaz de dizer:

"Por esta causa eu nasci, e por ela vim a este mundo. Nada me fará mudar de compromisso."

Re'eh - *Devarim* 11:26-16:17

O Paradoxo da Permanência e da Mudança no Judaísmo

Devarim diz:

> *"Toda a palavra que eu vos ordeno, cuidareis em fazer; nada lhe acrescentareis, nem diminuireis dela." (Devarim 13:1).*

Essa "fórmula canônica" ressalta a santidade e a integridade da revelação.

É um aviso forte: não acrescente, não retire, apenas cumpra exatamente como foi ordenado.

O que torna isso tão surpreendente é que esse mandamento aparece logo após duas grandes reformas em *Devarim* — a centralização do culto em um só lugar e a nova permissão para o abate secular. Em outras palavras: a mudança acontece, e logo depois uma voz declara: "Chega de mudanças!"

Essa tensão entre estabilidade e transformação atravessa toda a história judaica.

E, no entanto, a história judaica é marcada precisamente pela mudança. O paradoxo é profundo: como uma tradição pode proibir acréscimos ou subtrações e, ainda assim, sobreviver através da adaptação contínua?

Os rabinos do período imediatamente pós-bíblico ensinaram no tratado *Pirkei Avot*: *"Fazei uma cerca em torno da Torá."*

Com isso, queriam dizer: acrescentar regras protetoras. O propósito não era alterar a palavra de Deus, mas impedir que as pessoas tropeçassem em sua violação. Mas, na prática, estavam autorizando acréscimos.

Por exemplo, se a Torá proíbe trabalhar no Shabat, os rabinos criaram regras adicionais que não estavam no TaNaKh, para que ninguém chegasse perto de violá-lo por descuido.

A verdade é que as cláusulas bíblicas contra "acrescentar ou diminuir" provavelmente se dirigiam a profetas, escribas e mensageiros. A tarefa deles era a fidelidade — transmitir exatamente o que Deus havia ordenado, sem enfeites. A proibição, portanto, visava distorções, não interpretações ou regulações.

É por isso que muitos estudiosos e mestres afirmam com clareza: *o judaísmo sempre evoluiu*. Imaginá-lo congelado no tempo é ignorar a história. Ele sobreviveu precisamente porque foi reexaminado e reinventado em cada época.

Apesar do ideal de imutabilidade, a realidade vivida é diferente. Toda forma de judaísmo praticada hoje tanto diminuiu quanto acrescentou em relação ao código original. Do culto sacrificial do Templo à lei rabínica pós-exílica, da filosofia medieval à diversidade denominacional moderna, o judaísmo nunca ficou parado.

Dizer que o judaísmo permaneceu inalterado é um anacronismo. O judaísmo é dinâmico, algo que participa plenamente do fluxo sempre mutável do pensamento e do comportamento humano. Longe de se fossilizar, a tradição foi continuamente examinada, debatida e reinventada.

Místicos e teólogos judeus desenvolveram ainda uma teologia da revelação progressiva. Para os cabalistas, os mistérios da vida se desdobram em etapas, e só na era messiânica a humanidade alcançará a plenitude do conhecimento possível. A mudança não é traição; é o próprio modo da comunicação divina ao longo do tempo.

Mas afirmar a mudança não torna o judaísmo sem raízes? Se tudo muda sem parar, o que impede a dissolução?

A imutabilidade é morte espiritual, mas o fluxo sem limites é igualmente destrutivo. O judeu deve viver nesse equilíbrio — nunca se rendendo completamente a uma única verdade, e sempre estendendo-se em direção a horizontes maiores da realidade em desdobramento de Deus.

A fórmula canônica busca garantir fidelidade, mas a história demonstra que a sobrevivência exigiu criatividade.

O judaísmo vive nessa tensão. Ele perdurou não por se petrificar em um sistema imutável, mas por se reinventar a cada geração. A injunção de não acrescentar nem diminuir permanece como uma âncora aspiracional, mesmo enquanto o navio da tradição continua a navegar, guiado pelos ventos da mudança.

Shofetim - *Devarim* 16:18-21:9

A Ação Profética e o Destino do Judaísmo

O judaísmo não pode ser concebido sem a ação profética. Israel impactou não apenas o judaísmo, mas também o cristianismo, o Islã e a tradição humanista ocidental — não pelas façanhas de seus reis ou pelos complexos rituais de seus sacerdotes, mas pelos padrões éticos anunciados por seus profetas. Estes são os expoentes mais proeminentes do gênio judaico: individualistas religiosos singulares, portadores de uma mensagem dirigida ao mundo contemporâneo, conectando religião e moralidade.

Apesar das centenas de profetas que atuaram ao longo de mais de trezentos anos, a tradição judaica reconhece como autênticos apenas quarenta e oito profetas e sete profetisas. Como se chegou a tal conclusão?

A disputa entre verdades concorrentes é um problema comum a todas as sociedades. Em quem acreditar?

A quais conselhos e advertências dar atenção? Quem escutar quando muitos falam ao mesmo tempo, todos competindo por atenção? O mérito de Israel foi lutar com tenacidade, ainda que sem grande êxito imediato, para estabelecer critérios que distinguissem o verdadeiro profeta do falso. Essa característica tornou-se constitutiva da cultura judaica e até hoje a define.

Devarim tentou oferecer uma fórmula simples e aparentemente óbvia para resolver o dilema:

"Se o profeta anunciar algo e não acontecer o que ele disse, será sinal de que Deus não o enviou. Esse profeta não passa de um orgulhoso que fala por conta própria, e vocês não devem temê-lo."
(Devarim 18:22)

Um falso profeta é alguém que pratica má hermenêutica: julga mal a situação histórica e não compreende adequadamente o momento em que vive.

Maus julgamentos não decorrem necessariamente de más intenções, mas seus resultados não deixam de ser desastrosos. Ninguém pode fingir compreender o que não entende, nem assumir o papel de profeta sem realmente o ser.

O fardo da sociedade é distinguir entre aqueles que falam a verdade e os que não o fazem. Já a responsabilidade de cada indivíduo é assegurar-se de que realmente acredita no que proclama.

Profetas como Jeremias advertiram contra o vocabulário enganoso dos falsos profetas. O simples uso de palavras corretas não garante sua aplicação adequada. Se as palavras podem dar precisão ao descrever, também podem servir ao engano — inclusive ao autoengano. Antes de enganar os outros, o falso profeta geralmente engana a si mesmo.

No TaNaKh, essa é uma preocupação central. Os profetas clássicos aparecem como indivíduos atormentados por dúvidas e lutas internas, inseguros se a voz que ouviram não seria apenas o som de um trovão ou a visão de um pesadelo. É uma condição incômoda, da qual muitos preferem escapar narcotizando-se com crenças e dogmas.

Nesse sentido, não diferem dos mânticos, glossolálicos ou gurus barbudos de olhar perdido.

A fórmula deuteronomista, contudo, mostra-se ingênua e pouco prática. A autenticidade da palavra profética só pode ser verificada retrospectivamente, jamais no momento em que é proferida.

À luz desse critério, alguns estudiosos afirmam que não houve fracasso tão retumbante na história quanto o dos profetas de Israel. Martin Buber observou que, ao dirigirem-se ao povo, raramente tiveram êxito, pois tudo na ânsia humana por sucesso se opunha a eles. Ainda assim, gerações inteiras — não indivíduos isolados, mas multidões — encontraram em suas palavras, senão inspiração construtiva, ao menos material para meditações de profundo valor.

Klaus Koch, professor emérito da Universidade de Hamburgo, escreveu que:

> *não é por acaso que os profetas de Israel são os únicos, entre aqueles séculos remotos da Antiguidade, que ainda hoje são lembrados. Eles se elevaram muito acima dos adivinhos e videntes de seu tempo pela acuidade do pensamento, pela precisão da linguagem e pelo foco no Deus único e na unidade da responsabilidade humana. Foram capazes de desenvolver uma visão do futuro da humanidade que sustentou não apenas os séculos, mas até os milênios seguintes.*

Ki Tetze - *Devarim* 21:10-25:19

Justiça vem com a Mesma Régua

> *"Não terás em tua bolsa pesos e medidas diferentes"*

O versículo de Deuteronômio adverte contra a desonestidade no comércio, mas seu significado vai além do mercado. Os "pesos diferentes" simbolizam uma tendência humana mais profunda: o uso de dois pesos e duas medidas.

Medimos os outros por uma escala, a nós mesmos por outra.

Quando um vizinho se move lentamente, o chamamos de lento; no entanto, quando nós demoramos, chamamos de minuciosidade.

O que é censura nos outros, em nós é bom gosto.

A negligência alheia é irresponsabilidade; a nossa é sobrecarga.

A iniciativa em nossas mãos é coragem, mas, nas de outrem, é agressividade.

A teimosia pertence aos nossos opositores, enquanto a consciência e o princípio pertencem a nós.

Até mesmo o sucesso se torna sujeito a essas medidas desiguais. A promoção de um colega é explicada como favoritismo ou bajulação; o nosso próprio avanço, é claro, decorre de diligência e eficiência.

Esse hábito de aplicar duas balanças — uma generosa para nós, outra severa para os demais — não é uma falha pequena. Ele corrói a confiança e gera suspeita. No plano pessoal, cria ciúmes entre amigos, hostilidade entre cônjuges, ressentimento entre pais e filhos. No cenário mais amplo, alimenta as tensões que dividem nação contra nação.

Assim, a injunção bíblica não trata apenas dos pesos na bolsa de um comerciante. Trata-se da integridade moral de nossos julgamentos.

Viver honestamente é pesar com uma única medida — uma que aplicamos a nós mesmos tanto quanto aos outros. Só então justiça, paz e fraternidade humana poderão prevalecer.

Ki Tavo - *Devarim:* 26:1-29:8

A Festa das Primícias

Quando os israelitas entraram na Terra Prometida e ali se estabeleceram, foram ordenados a levar as primícias (bikkurim) de sua colheita, colocá-las em um cesto e apresentá-las ao sacerdote, fazendo uma declaração que recorda a história de Israel:

Meu pai era um arameu errante" — recordando a trajetória de Jacó, a escravidão no Egito, a libertação e a chegada à "terra que mana leite e mel."

O adorador então colocava o cesto diante do altar e se alegrava com sua família, os levitas e os estrangeiros.

Além disso, a cada terceiro ano, o povo era ordenado a entregar o dízimo especial (ma'aser), separando parte da produção para o levita, o estrangeiro, o órfão e a viúva.

A Torá afirma aqui um ponto radical, central para sua visão social e teológica: a verdadeira gratidão a Deus sempre conduz à generosidade e ao desejo de compartilhar nossas bênçãos com os outros.

Devarim ensina que, se você se lembra do quanto recebeu, permanecerá sensível tanto ao mandamento divino quanto às necessidades dos desamparados. Mas, se afirmar que conquistou tudo sozinho, esquecerá tanto de Deus quanto do próximo. Repetidas vezes, Devarim nos adverte: Lembre-se do quanto lhe foi dado, e nunca deixe de ser grato.

Não há nada de religiosamente problemático em reconhecer o papel do esforço humano no sucesso. Alguns são dotados de dons intelectuais, outros de talento para os negócios, e é natural que pessoas de posses atribuam parte de sua prosperidade a essas capacidades.

No entanto, Moisés insiste em um ponto mais profundo: as habilidades brutas são um dom, não uma conquista. É preciso sempre se lembrar de quem as concedeu e de onde elas vêm. Por isso ele não diz: "Lembre-se de que é o Senhor, seu Deus, quem lhe dá a riqueza." Em vez disso, declara: "Lembre-se de que é o Senhor, seu Deus, quem lhe dá o poder de adquirir riqueza."

A distinção é crucial. Mesmo quando suas habilidades produzem prosperidade, essas próprias habilidades são presentes divinos. Esquecer isso é a raiz da arrogância e da ingratidão.

A cerimônia das primícias, prescrita em parashat Ki Tavô, é uma tentativa litúrgica de impedir que a gratidão se dissipe diante da abundância e da riqueza

O capítulo 26 do Livro de Devarim ocupa um lugar central na liturgia judaica. A passagem do "arameu errante" é recitada na Hagadá de Pessach, constituindo o núcleo da narrativa do Êxodo.

A identidade de Israel nasce da memória da opressão e da libertação. O ato de recontar, ano após ano, mantém viva a história e impede que a prosperidade apague a humildade.

Ela une memória a ritual, gratidão a generosidade e prosperidade a humildade.

Nitzavim - *Devarim* 29:9-30:20

A Identidade Judaica

O capítulo 29, versículos 9 a 14, do *Devarim* fornece as bases para uma definição de quem é judeu.

Nas planícies de Moabe, Moisés convoca todo o povo de Israel para que renovem o pacto que seus pais haviam feito no Sinai. Ele lhes diz:

> *"Guardem, pois, as palavras desta aliança e ponham-nas em prática, para que prosperem em tudo o que fizerem.*
> *Hoje todos vocês estão na presença do Senhor, seu Deus: seus chefes, suas tribos, seus anciãos e seus oficiais, todos os homens de Israel, seus filhos, suas mulheres, e o estrangeiro que está no meio do acampamento, desde o lenhador até o que tira a água, para que entrem na aliança do Senhor, seu Deus, e no juramento que o Senhor, seu Deus, faz hoje com vocês, a fim de estabelecê-los hoje como Seu povo e para que Ele seja o seu Deus, assim como lhes prometeu e como jurou a seus pais, Abraão, Isaque e Jacó.*
> *Não faço esta aliança e este juramento apenas com vocês, mas também com os que hoje estão aqui conosco, na presença do Senhor, nosso Deus, e com os que não estão hoje aqui conosco."*

Pode-se dizer que o conceito de "pacto" (em hebraico, *brit*) é uma das ideias mais importantes expressas pela Literatura Fundacional de Israel.

Em seu nível mais baixo, um pacto é um acordo entre dois indivíduos, no qual é provável que um ou outro acabe rompendo-o, de modo que deve ser reforçado pela sanção de uma autoridade legal.

Em seu nível mais alto, o pacto, é uma reunião (*congregação*) de seres humanos basicamente iguais que consentem em se comprometer com determinados valores transcendentes.

Irv Greenberg, um rabino ortodoxo que reformulou o pensamento judaico após o Holocausto e o surgimento do Estado de Israel, sustenta que o conceito de pacto não é estático na história judaica, mas se transforma na medida em que as crises se desenrolam.

Já o rabino Joseph Soloveitchik, afirmou que, em um mundo hostil, todos os judeus estão unidos por um *brit goral* — uma aliança forjada por um destino comum.

Embora o tema do pacto apareça diversas vezes na Literatura Fundacional (a palavra hebraica *brit* aparece cinco vezes apenas neste capítulo e um total de 286 vezes em todo o TaNaKh), a identidade de Israel como parte do pacto encontra, neste trecho, uma clareza única.

O rabino Jacó Neusner observou que os chineses não perguntam obsessivamente: "Quem é chinês?" Nem se ouve falar de uma "crise de identidade armênia" entre os armênios. No entanto, o governo do Estado de Israel entra em crise cada vez que precisa decidir quem é judeu.

O problema da identidade judaica, segundo Menajem Brinker, professor da Universidade de Chicago, surge quando os judeus rejeitam a autoridade da halachá (lei rabínica) e, ao mesmo tempo, insistem em continuar sendo membros do povo judeu.

Aviezer Ravitzky, professor da Universidade Hebraica, comenta que, em contraste com a visão ultraortodoxa prevalecente, o pacto descrito em *Devarim* 29 não foi feito apenas entre Deus e os justos, ou entre Deus e as comunidades piedosas, mas entre Deus e *todo o povo de Israel* — *"desde o lenhador até aquele que tira a água"*. Além disso, acrescenta Ravitzky, o pacto abrange todo o espectro da comunidade judaica em sua existência real, desde os santos até os ignorantes.

O rabino Norman Lamm, ex-chanceler da Yeshiva University de Nova York — a instituição central da ortodoxia moderna — escreveu anos atrás no *New York Times*:

> *"Qualquer afirmação de que judeus não ortodoxos não devem ser considerados judeus não é apenas falsa, mas indefensável, tanto em conteúdo quanto em intenção.*
> *O judaísmo ortodoxo afirma que a fidelidade à Torá e à Halachá representa a única expressão autêntica da sagrada tradição judaica. Contudo, de modo algum isso implica questionar a integridade dos judeus não ortodoxos, nem negar a autenticidade da busca espiritual daqueles que sinceramente estão trilhando seu caminho no judaísmo, mesmo que suas conclusões não estejam*

em consonância com os ensinamentos ortodoxos.
De forma alguma isso nega os direitos
democráticos e humanos de qualquer judeu de
adorar — ou não — como lhe aprouver."

O fato é que existem duas formas distintas de abordar a identidade judaica. Em uma delas, o indivíduo é o ponto de partida: o judaísmo é um sistema de significados, oferecendo ao praticante uma orientação sobre o sentido da vida e sobre questões últimas. Nem sempre fornece respostas definitivas às perguntas pessoais mais profundas, mas sem dúvida lida com elas.

Na outra abordagem, o ponto de partida é o povo judeu como coletivo, com foco em sua existência comum e na criação de instrumentos públicos que a sustentem. Evidentemente, essas duas orientações costumam se sobrepor na vida de muitos judeus.

Vayelech - *Devarim* 31-1-31:30

Quando arriscar e quando hesitar?

*Moisés foi e falou estas palavras a todo Israel. Ele
lhes disse:
"Agora tenho cento e vinte anos; já não posso mais
exercer liderança. Além disso, o Senhor me disse:
'Tu não atravessarás o Jordão que está diante de ti.
O Senhor teu Deus passará diante de ti; Ele mesmo
eliminará essas nações do teu caminho, e tu as
despojarás. Josué é quem passará diante de ti,
como o Senhor falou.'" (Devarim 31:1-3)*

Por que Josué? O que há neste homem, em particular, que
lhe confere a honra (e o fardo) de liderar Israel?

*Enquanto o povo de Israel aguardava, Moisés
enviou homens para explorar a terra prometida.
Eles retornaram após quarenta dias, trazendo
frutos magníficos e confirmando que a terra
realmente "manava leite e mel".
Mas, junto com a boa notícia, trouxeram também o
medo: falaram de cidades fortificadas, de povos
fortes e dos gigantes descendentes de Enaque.
No meio da tensão, Calebe se levantou e, com voz
firme, disse:
"Subamos de imediato e tomemos posse, pois somos
capazes de vencer!"
A maioria, porém, respondeu com desespero:
"Não podemos! Eles são mais fortes do que nós."*

Então o povo inteiro chorou e clamou contra Moisés e Arão, desejando ter morrido no Egito ou no deserto.
Somente dois permaneceram fiéis e esperançosos: Josué, filho de Num, e Calebe, filho de Jefoné. Enquanto os demais sucumbiam ao medo, eles sustentaram a confiança de que a promessa de Deus se cumpriria.

Só Caleb, ao que parece, merece ver a terra; no entanto, é Josué quem conduzirá o povo até ela. Essa passagem anômala torna nossa pergunta ainda mais aguda: se Caleb foi quem permaneceu valentemente ao lado de Deus, por que não foi ele nomeado líder? E, inversamente, se Josué hesitou, ao menos no início, por que ele, e não Caleb, foi designado herdeiro de Moisés?

Os comentaristas judaicos tradicionais examinam com sutileza a reticência de Josué, ligando-a a um episódio curioso sobre seu nome.

Ao relatar o envio dos espiões por Moisés, a Torá lista todos os seus nomes, mas acrescenta, de maneira estranha, que "Moisés mudou o nome de Hosheia, filho de Num, para Yehoshua (Josué)" (*Bamidbar* 13:16). Qual o sentido dessa mudança de nome e por que ela?

Ao nomear Josué em vez de Caleb, Deus nos ensina uma lição poderosa — e extremamente sutil: nem todo herói está destinado a ser líder.

Há momentos em que a intrepidez é uma grande virtude, mas também há situações em que ela pode trazer sérios danos. Num líder totalmente destemido de caminhar sozinho, a confiança pode facilmente se transformar em excesso de confiança, e a ousadia em imprudência. O líder absolutamente convicto de que está certo — mesmo quando todos ao seu redor discordam — pode realizar grandes feitos, mas também causar enormes estragos.

Em tempos de crise aguda, o momento pode pedir um líder resoluto, até ousado; mas, para conduzir o povo ao longo do tempo, é preferível um líder capaz de pausar, ainda que brevemente. Como indica a escolha de Josué por Deus, às vezes, um pouco de hesitação pode ter grande valor.

Josué não carece de coragem. Correndo grande risco pessoal, ele de fato se levantou contra a vontade do povo (*Bamidbar* 14:10). Mas a hesitação que manifesta, tão problemática em um contexto, pode ser inestimável em outro.

Haazinu - *Devarim* 32:1-32:52

A Face Oculta de Deus

Entre as últimas palavras de Deus a Moisés, antes de convocá-lo à morte, encontramos no capítulo 32, versículo 20, do livro de *Devarim* o seguinte:

> *"Vou esconder o meu rosto, para ver o que lhes acontecerá.*
> *São uma geração perversa, filhos em quem não se pode confiar."*

Essa declaração, vinda de Deus, não deixa de surpreender. Qualquer que seja a interpretação que se queira dar, a conclusão é que Israel deve conceber a possibilidade de viver sozinho.

Não se trata de uma negação da existência de Deus. Trata-se de uma situação em que se entende que a divindade existe, mas não está disponível aos seres humanos, deixando a comunidade humana enfrentar seus problemas por conta própria. Como comenta um dos principais teólogos judeus do século XX, o rabino A. J. Heschel:

> *"Deus não se afastou por vontade própria: foi expulso."*

Além disso, a ideia de que "Deus esconde o seu rosto" é um conceito central da teologia bíblica (a frase aparece mais de trinta vezes na Literatura Fundacional de Israel, o TaNaKh).

Existe uma forte possibilidade, como conjecturam dois estudiosos da Bíblia, Adele Berlin e Marc Zvi Brettler, de que: *"Esse conceito, comum nos textos bíblicos, se desenvolveu tardiamente no judaísmo e serviu para superar a tensão entre a bondade divina e o sofrimento agudo."* Uma espécie de forma elegante de se referir à angústia causada por uma visão idealizada de Deus que não resiste à realidade tal como é vivida.

Uma posição mais ousada foi a do "advogado defensor" do povo judeu, o líder hassídico do século XVIII, o rabino Isaac Levi de Berditchev, que perguntou a um alfaiate analfabeto o que ele fez no dia de Yom Kipur, já que não podia ler as orações prescritas.

A contragosto, o judeu respondeu:

"Conversei com Deus e disse a Ele que os pecados dos quais se espera que eu me arrependa são menores.

Também disse: 'Meus pecados são irrelevantes: talvez eu tenha ficado com um pedaço de tecido ou, ocasionalmente, esquecido de recitar algumas orações, mas o Senhor cometeu pecados muito graves.

Tirou mães de seus filhos e filhos de suas mães. Então façamos um acordo: se me perdoar, eu também estou disposto a perdoá-lo.'"

O rabino Berditchev repreendeu furiosamente o judeu iletrado: indulgente com Deus! Você deveria ter insistido para que Ele redimisse todo o povo de Israel!

Ao propor uma compreensão mais madura de Deus, diferente daquela comumente escondida atrás do atrativo da palavra "tradição", os teólogos contemporâneos estão abrindo a possibilidade de uma religiosidade mais relevante para quem está disposto a pensar. O desafio está neste enigma colocado entre as últimas palavras da Torá, há mais de 3.000 anos, e que foi magistralmente reformulado para nós pelo teólogo ortodoxo, o rabino Eliezer Berkovits:

> *"Para que o homem possa ser, Deus tem que se ausentar.*
> *Para que o homem não pereça no trágico absurdo de sua própria criação, Deus deve permanecer presente.*
> *Ele está ausente sem, no entanto, ser irremediavelmente inacessível.*
> *Muitos, portanto, o encontram ainda em sua ausência;*
> *Muitos o sentem falta até mesmo em sua presença.*
> *Pela necessidade de sua ausência, há o 'esconder do rosto' e o sofrimento dos inocentes;*
> *Pela necessidade de sua presença, o mal não triunfará em definitivo, e por isso, há esperança para o ser humano."*

Vezot Haberakhah - *Devarim* 33:1- 34:12

E Esta é a Bênção

Devarim, o quinto e último livro da Torá, termina com uma cena ao mesmo tempo trágica e profundamente comovente.

Moisés, depois de uma vida inteira conduzindo Israel, encontra-se no Monte Nebo, olhando através do Jordão para a Terra Prometida. Mas ele não pode entrar. Deus lhe concede apenas a visão, não o cumprimento:

> *"Eu te deixei ver com os teus próprios olhos, mas não atravessarás para lá" (Devarim 34:4).*

A Torá deixa claro que isso não foi uma falha pessoal de Moisés. Seu destino estava ligado ao da geração do Êxodo:

> *"Por causa de vós o Senhor se indignou também contra mim e disse: Tu não entrarás" (Devarim 1:37).*

Moisés suplica:

> *"Deixa-me, peço, atravessar e ver a boa terra" (Devarim 3:25),*

mas Deus concede apenas metade de seu pedido. Moisés pode ver, mas não pode ir.

Nisso, a vida de Moisés reflete a condição humana.

Ser humano é sonhar sonhos que não chegaremos a realizar plenamente, é trabalhar por metas cujo cumprimento está além de nossa própria vida.

A morte de Moisés, como a de todo ser humano, nos recorda nossa fragilidade: até mesmo o maior dos santos permanece mortal. Sua vida pode ser vista como uma tragédia—lançado à deriva ao nascer, vivendo uma existência solitária, dedicando-se a uma missão que sempre lhe escapou, e morrendo sem alcançar seu fim.

Ainda assim, Devarim impede que essa realidade se torne uma tragédia.

> *"Esta é a bênção com que Moisés, homem de Deus, abençoou os filhos de Israel antes de morrer"* (Devarim 33:1).

Moisés abençoa as tribos como se fossem seus próprios filhos, reunidos à sua cabeceira. Ele nomeia Josué como seu sucessor (*Devarim* 31:7–8), porque sabe que o pacto o transcende. A causa à qual dedicou sua vida dará frutos, mesmo sem ele.

Os rabinos ilustram essa verdade com a história de Honi, o fazedor de milagres.

Ao ver um homem plantar uma árvore de alfarrobeira que levaria setenta anos para dar frutos, Honi perguntou: "Esperas viver tanto tempo?" O homem respondeu: "Encontrei alfarrobeiras já crescidas; assim como meus antepassados plantaram para mim, agora eu planto para meus filhos" (Ta'anit 23a).

Moisés também plantou para as gerações.

Suas últimas palavras asseguram a Israel que, apesar das provações e dos inimigos, ele perdurará para cumprir a promessa feita a Abraão: ser uma bênção para todas as famílias da terra.

Viver em o pacto é abraçar essa verdade—plantar sementes que talvez nunca vejamos crescer, confiar que outros levarão adiante o que começamos corrigindo onde erramos e completando o que deixamos inacabado.

> *Ideais são o que mantêm vivo o espírito humano.*
> *O bem que fazemos permanece.*
> *A bênção que trazemos à vida dos outros nunca morre.*

Pós-escrito

Nossa geração testemunhou uma expansão fenomenal da intensidade e da difusão da prática religiosa, mas também um recuo dramático no estudo da crença e da fé. Mesmo judeus profundamente observantes, comprometidos com o estudo da Torá, muitas vezes são menos instruídos nos fundamentos mais profundos da religião.

Esse afastamento do estudo dos "porquês" do Judaísmo traz um risco: que o Judaísmo passe a ser visto como um sistema sem espírito e sem lógica, um conjunto de pantomimas. A observância religiosa sem significado coerente pode levar à insatisfação existencial e, muitas vezes, ao abandono da fé no bem do mundo e do futuro.

As paixões religiosas modernas não aproximaram o mundo da visão judaica de um universo sem fome, guerra, ódio ou miséria. Ao contrário, às vezes alimentaram o extremismo e justificaram atos de crueldade.

Hoje, os judeus buscam um Judaísmo que ofereça direção para suas vidas como participantes do mundo contemporâneo. Desejam o mesmo que todos os outros: segurança em meio ao tumulto, a sensação de que suas vidas importam, relações significativas e a satisfação da realização. A grande questão é se a identidade, a cultura e o aprendizado judaicos podem contribuir de forma substancial para essa busca; si o Judaísmo ainda pode servir como recurso poderoso na construção de vidas significativas, responsáveis e com propósito.

A civilização humana entrou em uma nova época. Como todas as tradições, o Judaísmo precisa se recalibrar para atender às dimensões cósmicas deste tempo. Muitos temas que moldaram a vida judaica no século XX já não ressoam para os judeus do século XXI. O Judaísmo mundial e Israel enfrentam desafios inéditos: o afastamento dos jovens, a alienação em relação a Israel, os ataques frontais ao sionismo e a perigosa ascensão do antissemitismo.

Nesse novo cenário, a identidade judaica deixou de ser mero acidente biológico para se tornar um ato de autodeterminação existencial. Ser judeu tornou-se uma decisão pessoal sobre como viver. Para muitos, o Judaísmo é menos uma religião de leis e mais um atributo pessoal— um conjunto flutuante de sentimentos, interesses e práticas ocasionais, que pode ser adotado ou descartado à vontade. Mas—e isto é crucial—permanece como vínculo. Os judeus continuam a se enxergar como judeus e insistem que essa identidade importa.

O que atrai os mais jovens? A sabedoria judaica, a possibilidade de fazer diferença na sociedade, a promessa de relações significativas e o anseio por espiritualidade, santidade e propósito—tudo isso transmitido com autenticidade e qualidade.

Para muitos, o propósito principal da religião é viver como um "bom ser humano", com decência entendida segundo os ensinamentos judaicos tradicionais—ensinamentos que desejam redescobrir.

Assim, a palavra-chave para a vida judaica de hoje não é "declínio", mas "transição". Neste cruzamento decisivo, a educação judaica deve mudar: em seu conteúdo, em sua forma de organização e em sua missão. O objetivo não pode mais ser a continuidade pela continuidade.

O aprendizado deve responder às perguntas reais da experiência vivida. Isso representa uma mudança profunda: a educação não mais como domínio de um corpo de material herdado, mas como recurso para a construção de vidas judaicas significativas.

Ao escrever este comentário sobre o TaNaKh, espero oferecer ferramentas e o gosto pelos recursos que ajudem a construir vidas judaicas plenas de sentido. Meu objetivo é cultivar uma comunidade de aprendizes apaixonados e permanentes, que usem o aprendizado judaico para viver vidas mais plenas, responsáveis e esperançosas.

Rabino Moshe Pitchon
info@21stcenturyJudaism.com